Das Abwägungsproblem bei multikriteriellen Entscheidungen
Grundlagen und Lösungsansatz - unter besonderer Berücksichtigung
der Regionalplanung

Günter Strassert

Das Abwägungsproblem bei multikriteriellen Entscheidungen

Grundlagen und Lösungsansatz - unter besonderer Berücksichtigung der Regionalplanung

PETER LANG
Frankfurt am Main · Berlin · Bern · New York · Paris · Wien

Die Deutsche Bibliothek - CIP-Einheitsaufnahme

Strassert, Günter:

Das Abwägungsproblem bei multikriteriellen Entscheidungen : Grundlagen und Lösungsansatz - unter besonderer Berücksichtigung der Regionalplanung / Günter Strassert. - Frankfurt am Main ; Berlin ; Bern ; New York ; Paris ; Wien : Lang, 1995
ISBN 3-631-49026-7

ISBN 3-631-49026-7

Printed in Germany 1 2 3 4 6 7

Vorwort

Die multikriterielle Entscheidungstheorie- und technik ist von unmittelbar praktischer Bedeutung. Dies gilt vor allem für die Entscheidungen über öffentliche Investitionen, die auf allen Ebenen, von der kommunalen bis zur nationalen und supranationalen, tagtäglich getroffen werden. Besonderen Anschauungsunterricht vermittelt die Kommunal- und Regionalplanung, wenn es beispielsweise um die Bestimmung eines Standortes für bestimmte Infrastrukturinvestitionen mit überkommunaler Bedeutung geht, wie z.B. bei Müllverbrennunganlagen, Regionalflughäfen oder Verkehrstrassen. Die Zahl der verschiedenen Gesichtspunkte, die von den beteiligten Interessengruppen für entscheidungsrelevant erachtet werden, nähert sich schnell einer zweistelligen Größenordnung.
Die Frage aber, die alle - Wissenschaftler, Fachplaner, Politiker, Berater, Betroffene - bewegt und in eine gewisse Ratlosigkeit stürzt, ist, wie man sich in der komplexen Situation einer Vielzahl von Optionen und Kriterien noch zurechtfinden kann.

Die in Wissenschaft und Praxis verfügbaren methodologischen Mittel sind jedoch trotz teilweise hohem formalen Aufwand eher bescheiden: Offen oder verdeckt gründen sie häufig auf Varianten eines Verfahrensansatzes, der mit "Aggregations- und Bewertungsverfahren" bezeichnet wird. Ein Charakteristikum für diesen Methodologietypus ist die Herstellung eines gemeinsamen Nenners für Verschiedenartiges bzw. eines fiktiven Nutzenindex´, was trotz verständlichen Strebens nach Komplexitätsreduktion letzendlich ein zum Scheitern verurteiltes Unterfangen ist. Dem Abwägungsproblem und dem rechtlich verankertem Abwägungsgebot wird mit Hilfe von Gewichtungen der Kriterienausprägungen durch Dritte, nur formal, nicht aber wirklich Rechnung getragen, weil zwei streng voneinander zu trennende Arbeitsetappen, die Entscheidungsvorbereitung und die Abwägung, miteinander vermengt werden.

Der vorliegende Beitrag ist der Versuch, den theoretisch wie praktisch unbefriedigenden Mainstream zu verlassen und einen anderen Weg zu gehen, indem das Abwägungsproblem in das Zentrum der Überlegungen gerückt und versucht wird, der expliziten Abwägung von Vorteilen und Nachteilen verschiedener Optionen die ihr gebührende Rolle zur Lösung eines multikriteriellen Entscheidungsproblems zukommen zu lassen. Der Weg zu einem neuen Ansatz beginnt mit grundsätzlichen Überlegungen zum Problem der Ordnung von Optionen und führt zu der Erkenntnis, daß es im multikriteriellen Entscheidungsfall darauf ankommt, immanente Widersprüche aufzudecken, um diese dann durch die explizite Abwägung von Vorteilen und Nachteilen zu überwinden. Es wird gezeigt, wie das Abwägungsproblem durch bestimmte Sondierungen der Ausgangsdaten vereinfacht werden kann und damit schrittweise lösbar wird.
Dies kann nur ein Anfang sein, aber er führt und zugleich in eine überrraschend reichhaltige Erkenntniswelt , die zu betreten und zu erkunden sich sowohl in theoretischer als auch in praktischer Hinsicht lohnt.

Günter Strassert

Inhaltsverzeichnis

Verzeichnis der Abbildungen

Verzeichnis der Tabellen

Verzeichnis der Übersichten

Kapitel 1 Das Grundproblem der multikriteriellen Entscheidungstechnik

1. Komplementäre Kriterien

Die Aufgabe der multikriteriellen Entscheidungstechnik besteht darin, eine vorgegebene Anzahl von Optionen mit Hilfe einer Mehrzahl von Kriterien zu vergleichen und zu ordnen. Im Prinzip handelt es sich um den Vergleich von Eigenschaften von Objekten.

Jedes Objekt hat mehrere und verschiedenartige Eigenschaften - dies sind seine Merkmale. Jede Eigenschaft hat eine Ausprägung, die qualitativ oder quantitativ gekennzeichnet werden kann, wobei bestimmte Skalierungsvorschriften beachtet werden müssen. Eine einheitliche metrische Skala, insbesondere die der Schulmathematik im allgemeinen zugrundeliegende Verhältnisskala, für alle Eigenschaften gibt es nicht; eine solche Einheitsskala kann auch nicht hergestellt werden.

In erster Annäherung an die Begriffsklärungen in Kapitel 2 nennen wir die Objekte Optionen (nicht Alternativen) und bezeichnen die entscheidungsrelevanten Merkmale als Kriterien sowie die (qualitativen und/oder quantitativen) Skalenangaben je Kriterium als Kriterienausprägungen.

Um das Grundproblem der Entscheidungstechnik besser verstehen zu können, stellen wir uns zunächst ein Objekt (eine Option P) mit zwei Eigenschaften (Kriterien K_1 und K_2) mit den Ausprägungen a_1 und a_2 vor, d.h. wir haben es formal gesprochen mit dem Vektor $p = [a_1, a_2]$ zu tun.

Wir können nun die Komponenten a_1 und a_2 selbst als Vektoren auffassen und den Vektor p wie folgt in zwei Vektoren (a_1, a_2) zerlegen:

$a_1 = a_1[0,1]$

$a_2 = a_2[1, 0]$.

Graphisch ausgedrückt handelt es sich um zwei orthogonale Vektoren (Abb.1), da ihr Skalarprodukt null ist ($a_1 \, a_2' = 0$).

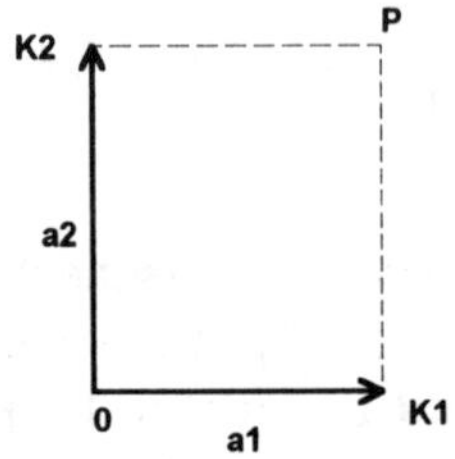

Abb.1: Orthogonale Vektoren: Ein Objekt, zwei Eigenschaften

Damit ist ausgedrückt, daß es sich um zwei streng komplementäre (limitationale) Eigenschaften handelt. Die Vektoren a_1 und a_2 sind linear unabhängig. Die Koordinaten der beiden Vektoren (bzw. der Kriterienausprägungen) sind durch den Punkt P gekennzeichnet.

Fügen wir nun ein weiteres Objekt (die Option Q) mit den gleichen Eigenschaften, aber unterschiedlichen Ausprägungen (b_1, b_2) hinzu. Die Koordinaten sind durch den Punkt Q gekennzeichnet (Abb. 2).

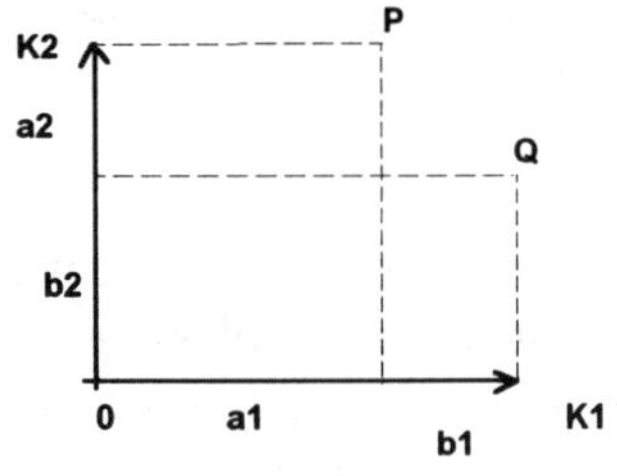

Abb.2: Orthogonale Vektoren: Zwei Objekte, zwei Eigenschaften

Das Entscheidungsproblem besteht zunächst darin, die Koordinaten von P und Q zu vergleichen und einen Vorteil (V) und einen Nachteil (N) festzustellen. Angenommen, beide Kriterienausprägungen seien erwünscht (je mehr desto besser), so weist Option P im Vergleich zu Option Q in Bezug auf das Kriterium K_1 einen Nachteil (hier in Höhe der Differenz $a_1 - b_1$) und in Bezug auf das Kriterium K_2 einen Vorteil (hier in Höhe der Differenz $a_2 - b_2$) auf.

Der nächste Schritt besteht in der Abwägung, d.h. in der Beantwortung der Frage, ob der Vorteil den Nachteil oder der Nachteil den Vorteil dominiert: Ist der Vorteil so dominant, daß der Nachteil dafür in Kauf genommen wird, oder ist der Nachteil so dominant, daß der Vorteil dagegen nichts ausrichten kann? Verallgemeinernd läßt sich festhalten, daß jede Option eine verschiedene Konstellation von komplementären Kriterienausprägungen aufweist. Diese Konstellation ist daher nicht fiktiv durch Substitution veränderbar, d.h. Kriterienausprägungen können nicht als gegenseitig ersetzbar angesehen werden.

Vielmehr stellt jede Ausprägungskonstellation ein wohlproportioniertes faktisches Eigenschaftsbündel dar[1], das auch als solches formal repräsentiert und analytisch behandelt werden muß.

An dieser Auffassung scheiden sich die Geister. Für die einen sind Kriterien, genauer gesagt die Kriterienausprägungen, komplementär (weil Kriterien sui generis), für die anderen substitutiv.

Letztere sind der Meinung, daß ein gemeinsamer Nenner ("numéraire") für die Kriterienausprägungen bestimmt werden müsse, um überhaupt vergleichen und entscheiden zu können. Sie kreieren daher Verrechnungspreise oder Umrechnungskurse, die sie "Gewichte" nennen, und führen damit verschiedene Kriterienausprägungen ineinander über, so wie man z.B. DM in US$ umrechnet, und ermöglichen auf diese Weise

---

1 Die Komplementaritätsbeziehungen sind Ausdruck des "Gesetzes der festen Proportionen", das für Eigenschaften von Objekten gilt. Eigenschaften natürlicher (lebender oder nicht lebender) oder künstlicher (anthropogener) Systeme sind durch die Konstruktions- und Funktionsprinzipien der Objekte, die ihrerseits physikalisch-chemischen Gesetzen folgen müssen, determiniert.

Kompensation (Substitution) in dem Sinne, daß z.B. im Falle zweier Kriterien ein bestimmtes Weniger bei der einen Kriterienausprägung durch ein bestimmtes Mehr bei der anderen Kriterienausprägung ausgeglichen werden kann. Die früher unter dem Begriff "Nutzwertanalyse" und später unter dem Begriff "Bewertungs-und Aggregationsverfahren" subsumierten Varianten individuellen Vorgehens laufen im allgemeinen auf die Herstellung eines Index´ (gewogenes Mittel der Kriterienausprägungen) je Option als Surrogat für einen in engerem oder weiteren Sinne verstandenen Nutzenindex hinaus.[2]

Diese Denk- und Vorgehensweise wird im folgenden nicht weiter verfolgt. Allerdings werden die fundamentalen Annahmen im Anhang (A-1) dargestellt und kritisiert.

Im Gegensatz zu diesem Ansatz wird hier von vornherein die Sachlage akzeptiert, daß alle Kriterien prinzipiell einzigartig (sui generis) sind. Die Kriterienausprägungen einer Option werden als die Komponenten eines Vektors aufgefaßt, in dem alle Komponenten komplementär sind, d.h. sie stellen eine charakteristische Konstellation von Ausprägungen dar, die nicht aufgrund fiktiver Substitution rechnerisch verändert werden kann.

Um in der Sprache der Matrixalgebra zu bleiben, geht es nicht darum Vektoren in Skalare umzurechnen, sondern Vektoren als Vektoren zu

---

[2] Fragt man nach dem theoretischen Hintergrund, so offenbart sich dieser im deutschen Sprachraum in zwei grundlegenden Werken, die seit über zwanzig Jahren das heute gängige entscheidungstechnische Vokabular bestimmen: 1968 erschien das Buch des Ökonomen Gäfgen (Theorie der wirtschaftlichen Entscheidung. Untersuchungen zur Logik und ökonomischen Bedeutung des rationalen Handelns) und 1970 das Buch des Wirtschaftsingenieurs Zangemeister (Nutzwertanalyse in der Systemtechnik. Eine Methodik zur multidimensionalen Bewertung und Auswahl von Projektalternativen). Die Nutzentheorie in Gestalt der Mikroökonomie, die aus der Psychologie stammende, auf Torgerson basierende, Skalierungsmethodik (Theory and Methods of Scaling, 1958) und die Systemtechnik sind eine Symbiose eingegangen, die das Denken und Handeln bis heute dominiert. Neueste Beispiele sind die Werke von Maier/Weiss (1990) und Schneeweiß (1991). Die Paradigmen sind gleichgeblieben, ihre Fragwürdigkeit ist aber mehr denn je durch formale Eleganz kaschiert.

behandeln[3]. "Das Problem besteht darin, eine Methode zu entwickeln, um wenigstens eine schwache Ordnung in eine Reihe solcher Vektoren zu bringen" (Rapoport 1988, 205).

Der Weg zu einer solchen Methode führt zunächst über einige grundsätzliche Überlegungen zum Problem der Ordnung der Optionen bis hin zu der Erkenntnis, daß es im multikriteriellen Entscheidungsfall darauf ankommt, immanente Widersprüche aufzudecken, um diese dann durch die explizite Abwägung von Vorteilen und Nachteilen zu überwinden, wobei das Abwägungsproblem durch bestimmte Sondierungen der Ausgangsdaten vereinfacht und schrittweise lösbar wird.

2. Das Problem der Ordnung der Optionen

2.1 Das Intransitivitätsproblem

Das multikriterielle Entscheidungsproblem ist gelöst, wenn es gelungen ist, die Optionen in eine "starke" oder zumindest "schwache" Ordnung zu bringen. Im Falle von drei Optionen (A, B, C) könnte die Ordnung z. B. die folgende Reihenfolge sein: A, B, C.

Mit Hilfe des Präferenzsymbols (>) und des Äquivalenzsymbols (~) kann man eine starke und schwache Ordnung kennzeichnen:

A > B > C (starke Ordnung)

A >~ B >~ C (schwache Ordnung).

---

[3] Es sei daran erinnert, daß der Begriff Vektor von dem Physiker William Rowan Hamilton (1805 - 1865) eingeführt wurde, da sich damit eine Reihe geometrischer und physikalischer Zusammenhänge, die nicht durch eine einzige Zahl charakterisiert werden können, beschreiben ließ. So gibt es neben Größen, die sich durch die Angabe einer Maßzahl charakterisieren lassen, z.B. Masse, Temperatur, Energie, Wellenlänge, auch Größen, wie Geschwindigkeit, Beschleunigung, Drehmoment, die nur beschrieben werden können, wenn noch eine zweite Angabe, d.h. die der Richtung, hinzukommt (Kleine Enzyklopädie Mathematik, 1972, S. 537).

Eine starke Ordnung heißt auch "lineare Ordnung", weil man sie graphisch linear darstellen kann, z.B. durch Graphen (schlichte gerichtete Pfeile als Ausdruck der Präferenzrelation):

A →B →C .

Eine lineare Ordnung ist antireflexiv (weil es keine Pfeile von A nach A, B nach B und C nach C gibt), antisymmetrisch (weil die Pfeile in Gegenrichtung fehlen) und transitiv (weil auch A → C gilt).

Die Eigenschaft der Transitivität einer Ordnung wird im allgemeinen zur Forderung erhoben, da Entscheidungen, die logisch nicht widerspruchsfrei sind, nicht der Vorstellung von Rationalität entsprechen.[4]

Die Transitivitätsbedingung lautet für das Beispiel: Wenn A besser als B und B besser als C ist, dann muß auch A besser als C sein.

Um die fundamentale Bedeutung der Transitivitätsbedingung für die multikriterielle Entscheidungstechnik deutlich zu machen, sei zunächst von einer Darstellung aller möglichen Ordnungsbeziehungen ausgegangen. Der vollständige Graph kann wie folgt dargestellt werden:

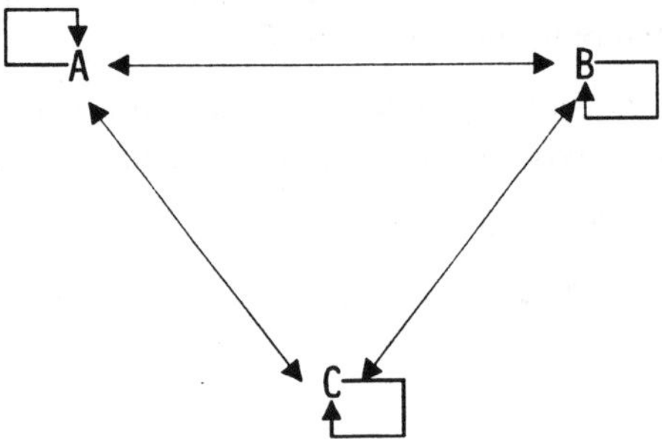

Abb. 3: Vollständiger Graph der Relationen für drei Optionen

---

4 Allerdings muß man einräumen, daß es sich hierbei um ein normatives Postulat, insbesondere aus der Philosophie und Ökonomie) handelt (Jungermann, 1986, 627), das möglicherweise in dem Maße in Frage gestellt wird, in dem der Begriff Rationalität im Lichte neuerer Erkenntnisse überdacht und neu gefaßt wird (Arkes/Hammond, eds., 1986; u.a. Simon, ebda. 97ff).

Aufgrund der Transitivitätsbedingung sind nicht alle Pfeile zulässig. Dies ist unerheblich für die die Reflexivität charakterisierenden Pfeile, da diese praktisch nicht relevant sind. Wichtig sind jedoch die die Symmetrie charakterisierenden Pfeile in Gegenrichtung. Entfernt man die nicht zulässigen Pfeile, ergibt sich folgender Graph:

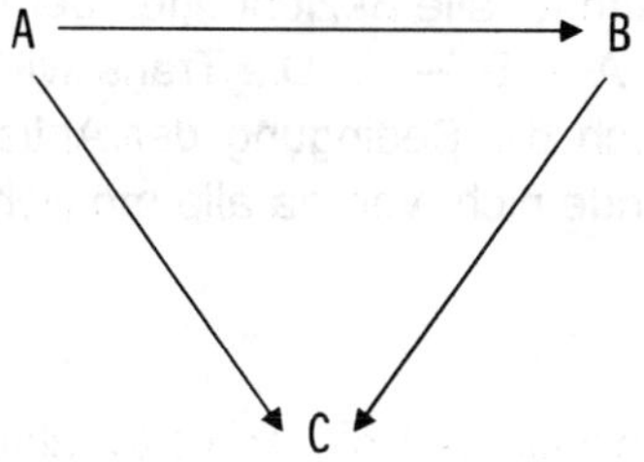

Abb. 4: Graph einer starken Ordnung

Codieren wir jetzt die zulässigen Pfeile mit 1 und die unzulässigen (entfernten) mit 0, gelangen wir zu der folgenden Matrixdarstellung:

Optionen	A	B	C
A	0	1	1
B	0	0	1
C	0	0	0

Tab.1: Dreiecksmatrix einer starken Ordnung

Die Matrix enthält die Gesamtheit der möglichen paarweisen Vergleiche von Optionen, wobei aufgrund der Codierung unmittelbar die Anzahl und Konfiguration der geltenden Ordnungsrelationen ersichtlich sind. Im obigen Fall entspricht die Konfiguration der Einsen einem Dreieck (alle Matrixfelder oberhalb der Diagonalen sind mit 1 besetzt).

Diese Dreiecksform bedeutet, daß eine lineare (oder auch lexikographische) Ordnung vorliegt und die Transitivitätsbedingung erfüllt ist. Damit haben wir einen Extremfall, und zwar den entscheidungstheoretisch erwünschten. Die multikriterielle Entscheidungstechnik muß danach trachten, diesen Fall herzustellen.

Theoretisch ist es auch möglich, daß alle Felder der Matrix mit 1 besetzt sind, nämlich dann, wenn für alle Beziehungen der Optionen nur/auch die Äquivalenzrelation gilt: A ~ B ~ C. Die Transitivitätsbedingung ist dann zwar erfüllt (nicht jedoch die Bedingung der Antisymmetrie), eine Ordnung liegt aber im Grunde nicht vor, da alle möglichen (n(n - 1) = 6) Ordnungen zulässig sind.

Betrachten wir nun den Fall, daß die Transitivitätsbedingung verletzt ist, z.B. in der Rangordnung ABCA.[5] Diesem Fall entspricht der folgende Graph und die folgende Matrix:

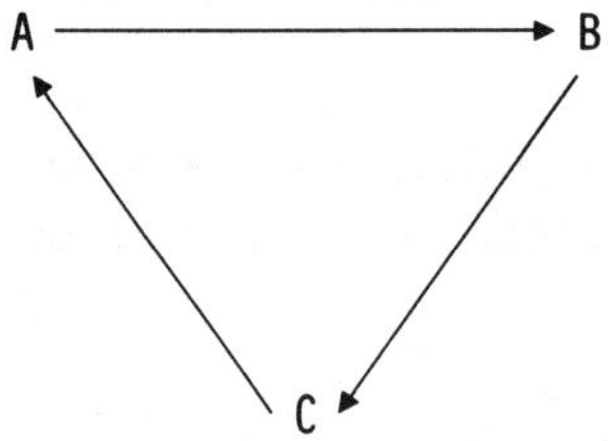

Abb. 5: Graph einer zyklischen Triade

Optionen	A	B	C
A	0	1	0
B	0	0	1
C	1	0	0

Tab. 2: Matrix einer zyklischen Triade

5 Die Präferenzsymbole zwischen den Buchstaben werden im folgenden der Einfachheit halber weggelassen.

Weil gilt: ABCA haben wir es mit einer zyklischen Ordnung zu tun, die in vorliegendem Falle auch zyklische (oder intransitive) Triade genannt wird. Hinter dieser Verletzung der oben behandelten Dreiecksform der Matrix verbirgt sich das Grundproblem der multikriteriellen Entscheidungstheorie und -technik.[6]

Um dieses zu erläutern, machen wir einen Umweg über die Theorie der kollektiven Entscheidung (Gruppenentscheidung) und das dort beheimatete Abstimmungsparadoxon.

2.2 Das Abstimmungsparadoxon

Das Abstimmungsparadoxon sei wie folgt beschrieben: Ein Gremium, bestehend aus drei Mitgliedern (M_1 , M_2 , M_2) , soll aus einer Menge von drei Kandidaten (A', B', C') für ein bestimmtes Amt einen Kandidaten auswählen, indem durch Mehrheitsbeschluß eine (kollektive) Rangordnung aufgestellt wird.

Das entsprechende Tabellenschema ist das folgende (Tab.3a):

Kandidaten / Mitglieder	A'	B'	C'
M_1			
M_2			
M_3			

Tab. 3a: Tabellenschema für die kollektive Entscheidungssituation

---

6 Die Herstellung der Dreiecksform bzw. die bestmögliche Annäherung daran (um Intransitivitäten feststellen zu können) ist ein theoretisches Problem, für dessen Lösung im Falle umfangreicher Matrizen verschiedene Algorithmen der sog. Triangulierung entwickelt wurden (z.B. Bartnick, 1991).

Wenn für die (individuellen) Rangordnungen der Mitglieder gilt:

M_1 : A'B'C'

M_2 : B'C'A'

M_3 : C'A'B' ,

dann ergibt sich die folgende Abstimmungsmatrix (Tab.4a):

	A′	B′	C′	Σ
A′	*	2	1	3
B′	1	*	2	3
C′	2	1	*	3
Σ	3	3	3	9

Tab. 4a: Abstimmungsmatrix (kollektive Entscheidung)

Für n Optionen (hier Kandidaten) sind z = n(n-1)/2 paarweise Vergleiche vorzunehmen, hier also die 3 paarweisen Vergleiche A'/B', A'/C' und B'/C'. Diese paarweisen Vergleiche werden insgesamt so oft vorgenommen, wie es Mitglieder (k) gibt: Bei 3 Mitgliedern (k = 3) sind also insgesamt 9 paarweise Vergleiche (v = k · z) notwendig. Die Abstimmungsmatrix zeigt die Verteilung der Stimmen nach Maßgabe der oben vorgegebenen Ordnungen.

Wir wenden jetzt zunächst die Mehrheitsregel an, was technisch einer Filterung der Abstimmungsmatrix nach der Vorschrift

n[i,j] > n[j,i] = 1, sonst 0

entspricht, und erhalten die folgende Tabelle (Tab. 5a), die das Abstimmungsparadoxon in Form der zyklischen Triade A´B´C´A´ darstellt.

	A'	B'	C′
A′	0	1	0
B′	0	0	1
C′	1	0	0

Tab. 5a: Zyklische Triade (kollektive Entscheidung)

Eine Entscheidung kommt in diesem Fall nicht zustande. Da jeder Kandidat zwei Fürstimmen und eine Gegenstimme für sich verbucht, gewinnt keiner der drei Kandidaten.

Dieses Abstimmungsparadoxon, auf das schon im Jahre 1785 der Marquis de Condorçet hingewiesen hatte, bildet heute die Grundlage für das von Arrow aufgestellte und als Unmöglichkeitstheorem bekannte Axiomensystem (Arrow 1951, Arrow/Raynaud 1986). An dieser Stelle genügt der Hinweis auf die generelle Schwierigkeit, die Erfüllung der Transitivitätsbedingung bei einer großen Anzahl der Kandidaten und/oder der Gruppenmitglieder zu gewährleisten. Im allgemeinen kommt zwar eine Gruppenentscheidung (kollektive Entscheidung) zustande, mit an Sicherheit grenzender Wahrscheinlichkeit ist jedoch die Transitivitätsbedingung verletzt, und es ist, wenn überhaupt, nur mit großem Kontrollaufwand möglich, die verborgene Widersprüchlichkeit einer Gruppenentscheidung als kollektive Entscheidung aufzudecken (geschweige denn zu beseitigen).[7]

2.3 Isomorphie des kollektiven und des individuellen Entscheidungsproblems

Was das Abstimmungsparadoxon bei der kollektiven Entscheidung mit der individuellen multikriteriellen Entscheidungstechnik zu tun hat, wird klar, wenn man die multikriterielle Entscheidung einer Person als eine fiktive Gruppenentscheidung auffaßt. Die individuelle Entscheidungs-

---

[7] Zur Illustration diene z.B. folgende Aufgabe für eine Gruppe: Es soll gemeinschaftlich entschieden werden, welche von sieben vorgegebenen europäischen Hauptstädten Ziel einer - bereits bezahlten - Gruppenreise sein soll. Um zu einer kollektiven Entscheidung zu gelangen, werden alle Gruppenmitglieder gebeten, die Städte in eine Rangordnung zu bringen. Dabei sind die Platzziffern 1 bis 7 zu vergeben. Die Platzziffer 1 erhält diejenige Stadt, welche das Mitglied am liebsten besuchen würde, die folgenden Platzziffern geben die gewünschte Reihenfolge der Ersatzkandidaten an. Zur Wahl stehen die sieben Städte Athen, Berlin, London, Paris, Madrid, Moskau, Rom.

Experimente mit verschiedenen Gruppen, deren Mitgliederzahl sich zwischen 15 und 35 bewegte, hatten alle zum Ergebnis, daß - bei Anwendung der Mehrheitsregel - zumindest eine intransitive Triade vorlag.

Zum Verfahren siehe Anhang (A-2).

situation sei gekennzeichnet durch drei Optionen (A, B, C) und drei Kriterien (K_1, K_2, K_3). Das entsprechende Tabellenschema ist das folgende (Tab. 3b):

Optionen / Kriterien	A	B	C
K_1			
K_2			
K_3			

Tab. 3b: Tabellenschema für die multikriterielle Entscheidungssituation (Datentabelle)

Die Fiktion besteht nun darin, sich die entscheidende Einzelperson in drei voneinander unabhängige "Teilpersonen" gegliedert vorzustellen und jeder Teilperson ein Kriterium zuzuordnen. Somit entsteht wiederum eine "Gruppe", d.h. mit drei fiktiven Mitgliedern und anstatt K_1 , K_2 , K_3 könnten wir auch M_1' , M_2' , M_3' schreiben. Würden sich die fiktiven Mitglieder genau so verhalten wie die echten Gruppenmitglieder, d.h. wenn die Rangordnungen

$M_1'(K_1)$: ABC

$M_2'(K_2)$: BCA

$M_3'(K_3)$: CAB

lauteten, ergäbe sich eine analoge Abstimmungsmatrix (Tab. 4b) und eine analoge zyklische Triade (Tab. 5b):

	A	B	C	Σ
A	*	2	1	3
B	1	*	2	3
C	2	1	*	3
Σ	3	3	3	9

Tab. 4b: Abstimmungsmatrix (multikriterielle Entscheidung)

	A	B	C
A	0	1	0
B	0	0	1
C	1	0	0

Tab. 5b: Zyklischen Triade (multikriterielle Entscheidung)

Die Abstimmungsmatrix (Tab. 4b) erhalten wir auf die gleiche Weise wie zuvor (Tab.4a), indem wir 9 paarweise Vergleiche vornehmen. Tabelle 5b entspricht der gefilterten Matrix bzw. Tabelle 5a.

Auf die Isomorphie des Problems der Gruppenentscheidung und des Problems der individuellen Einzelentscheidung ist zwar verschiedentlich hingewiesen worden (Gäfgen, 1968, 284; Arrow/Raynaud, 1986, 1ff, 12f; Rapoport, 1988, 208), auf die multikriterielle Entscheidungstechnik, insbesondere im deutschsprachigen Raum, hat dies jedoch wenig Einfluß gehabt.

Gegen die Gleichsetzung von Optionen (A, B, C) mit Kandidaten (A', B', C') wird sich kaum etwas einwenden lassen, da Optionen, wenn auch physische Objekte, im weiteren Sinne auch Kandidaten sind. Gegen die fiktive Gleichsetzung von Kriterien (K_1 , K_2 , K_3) mit Mitgliedern (M_1 , M_2 , M_3) könnte man einwenden, die von einem Gruppenmitglied erstellte Rangordnung sei nicht das Ergebnis einer monokriteriellen Entscheidung, sondern einer multikriteriellen Betrachtung. Gut, aber diese multikriterielle Entscheidung läßt sich wiederum gedanklich als die beschriebene fiktive Gruppenentscheidung auffassen, deren Teilentscheidungen wiederum als multikriterielles Entscheidungsproblem, dieses wieder als fiktive Gruppenentscheidung usw. aufgefaßt werden kann. Genauer: Bezeichne K die individuelle multikriterielle Datentabelle (Tab. 3b) und G die Datentabelle der fiktiven Gruppenentscheidung (Tab. 3a), so wird gedanklich aus einer Zeile der Tabelle K eine Tabelle G', aus einer Zeile dieser Tabelle eine Tabelle K', aus einer Zeile dieser Tabelle wieder eine Tabelle G'' usw.

Dieser unendliche Regress, der dem Henne-Ei-Problem entspricht, belegt letzlich nur den sachlichen Zusammenhang im Sinne der behaupteten Isomorphie.

3. Aufgabe und Vorgang der Abwägung

Ebenso wie die Gruppenmitglieder die Optionen (Kandidaten) jeweils ordnen, sind auch die Kriterien ordnungsstiftend. Zuspitzend kann man sagen, daß es geradezu die Funktion der Kriterien sei, mit Hilfe ihrer Ausprägungen eine (starke oder zumindest schwache) Ordnung der Optionen herzustellen. Dabei genügen alle einzelnen Ordnungen - wie auch bei der Gruppenentscheidung - der Transitivitätsbedingung. Das bedeutet jedoch nicht, daß die Transitivitätsbedingung auch erfüllt sein muß für die Gesamtheit der Kriterien im Sinne einer Kriteriengruppe, ebensowenig wie dies im Fall der kollektiven Entscheidung bei der Gruppe der Mitglieder der Fall ist.

Was ist aber zu tun, wenn Intransitivitäten, z.B. in Form von intransitiven Triaden, vorliegen? Im Falle der kollektiven Entscheidung bleibt die immanente Widersprüchlichkeit im allgemeinen unentdeckt, weil die Abstimmungsregeln (im allgemeinen die Mehrheitsregel) eine Entscheidung herbeiführen und gleichzeitig die genauere Analyse der Entscheidungssituation verhindern.

Im Falle der *multikriteriellen Entscheidung* trifft im Prinzip das gleiche zu, insbesondere, wenn die sog. Bewertungs- und Aggregationsverfahren angewendet werden. Allerdings - und dies ist im folgenden zu zeigen - erfordert die Sachlogik ein anderes Vorgehen, nämlich das der Abwägung.

Unter der Voraussetzung der Anwendung der Mehrheitsregel müßten, um die Transitivitätsbedingung zu erfüllen, alle Felder im oberen Dreieck der gefilterten Abstimmungsmatrix (Tab. 5b) nur mit 1 und alle Felder im unteren Dreieck nur mit 0 besetzt sein.

Dann stünde im Feld C/A eine 0 und im Feld A/C eine 1, und es läge eine starke Ordnung der Optionen vor.

Hätten wir anstelle der Mehrheitsregel die Einstimmigkeitsregel gefordert, hätten uns schon bei der Abstimmungsmatrix (Tab. 4b) alle Gegenstimmen im unteren Dreieck gestört. Wird Einstimmigkeit gefordert, müssen alle Felder im unteren Dreieck mit 0 besetzt sein, weil es eben keine Gegenstimme geben darf. Den Kriterien kann man dies im Gegensatz zur kollektiven Entscheidung nicht abverlangen, sie stiften, wie gezeigt, diejenigen Ordnungen, die ihren faktischen Ausprägungen entsprechen und Wahlwiederholungen, die daran etwas ändern, gibt es im multikriteriellen Fall im Gegensatz zum kollektiven Fall nicht.

Allerdings gibt es ein Verfahren, das darauf hinausläuft, auch im multikriteriellen Fall Einstimmigkeit zu erzielen, d.h. ein Verfahren, mit dem erreicht werden kann, daß im unteren Dreieck alle Felder mit 0 bzw. im oberen Dreieck alle Felder mit 1 besetzt sind. Dieses Verfahren - das mag überraschen - heißt Abwägung.

Das prinzipielle Vorgehen der Abwägung sei an einem Beispiel erläutert:

Eine Bahntrasse soll von U nach V geführt werden. Die "Nulloption" (keine Bahntrasse) stehe nicht mehr zu Debatte. Zu entscheiden ist, ob die Variante A, die über P_1 führt, oder die Variante B, die über P_2 führt, gewählt wird (Abb.6):

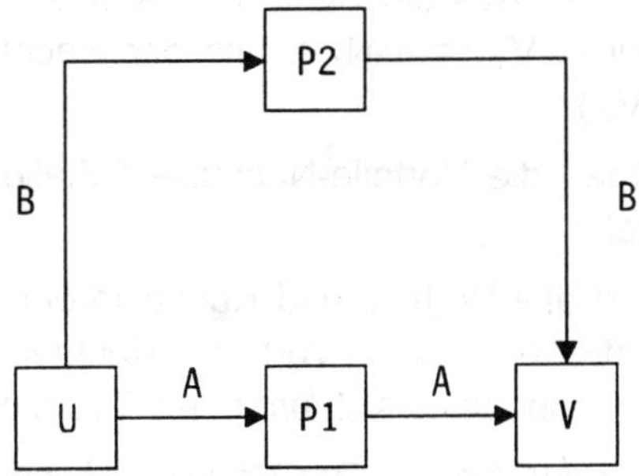

Abb. 6: Zwei Varianten (A, B) der Trassenführung von U nach V

Das Beispiel würde nicht in unsere Zeit passen, hätte Variante A nicht den Vorteil, billiger zu sein als Variante B, aber den Nachteil, das ökologische System in seiner Funktionsweise stärker zu beeinträchtigen als Variante B.

Wir haben also zwei Varianten (A, B) und zwei Kriterien (K_1 : Bau- und Betriebskosten, K_2 : Eine bestimmte ökologische Auswirkung W_i).

In allgemeiner Form können wir die folgende Vorteile-Nachteile-Tabelle (Tab. 6) erstellen:

Varianten / Kriterien	A	B
K_1	$_{AB}V_1$	$_{BA}N_1$
K_2	$_{AB}N_2$	$_{BA}V_2$

Tab. 6: Vorteile-Nachteile-Tabelle (Beispiel 1)

Vergleicht man die Variante A mit der Variante B, so ergibt der Vergleich der Kriterienausprägungen bei Kriterium K_1 einen Vorteil für die Variante A - bezeichnet durch $_{AB}V_1$ - und bei Kriterium K_2 einen Nachteil für die Variante A - bezeichnet duch $_{AB}N_2$.

Umgekehrt umgekehrt: Aus der Sicht der Variante B entspricht der Vorteil einem Nachteil ($_{AB}V_1 = {}_{BA}N_1$), und der Nachteil entspricht einem Vorteil ($_{AB}N_2 = {}_{BA}V_2$).

Wichtig ist, daß man die Vorteile-Nachteile-Tabelle im folgenden spaltenweise betrachtet.

In einer Spalte sind alle Vorteile und Nachteile der in der Kopfzeile bezeichneten Variante, d.h. das "Vorteile- Nachteile-Profil", aufgeführt. Formal gesprochen handelt es sich um einen Tupel oder Vektor.

Betrachten wir die erste Spalte. Der Vorteil $_{AB}V_1$ spricht für die Variante A, der Nachteil $_{AB}N_2$ spricht gegen die Variante A. Die Frage ist, ob der Vorteil den Nachteil dominiert. Hätten beide Größen, der Vorteil und der Nachteil, im physikalischen Sinne ein Gewicht, könnte man eine Balkenwaage, wie sie im Handel noch vereinzelt vorkommt, zu Hilfe nehmen und den Vorteil in die eine Waagschale und den Nachteil in die andere Waagschale legen und sehen, welche Waagschale nach unten sinkt. Ist es die Vorteilsseite, wäre die Entscheidung zugunsten von Variante A gefallen, ist es die Nachteilsseite, wäre die Entscheidung zuungunsten von Variante A, d.h. hier zugunsten von Variante B gefallen.

Die Überlegungen gelten für die zweite Spalte (Tab.6) analog, da beide Spalten gewissermaßen die beiden Seiten derselben Medaille sind.

Der Rückgriff auf die Balkenwaage (Hebelwaage) macht deutlich, daß in der Entscheidungstheorie und -technik der Begriff Abwägung ein metaphorischer ist. Besonders augenscheinlich wird dies symbolisiert durch die Waage, die Justitia in den Händen hält. Diese Metaphorik hilft uns verstehen, warum Abwägung und Entscheidung untrennbar miteinander verbunden sind, das Ergebnis der Abwägung heißt "Entscheidung".

Die Frage ist, wie der Abwägungsvorgang in die Wege geleitet und organisiert durchgeführt werden kann. In die Wege geleitet wird er durch die sachgerechte Darstellung des Entscheidungsproblems. Sachgerecht dargestellt ist ein Entscheidungsproblem, wenn es auf der Grundlage der behandelten Vorteile-Nachteile-Tabelle präzisiert ist und damit als Abwägungsproblem erkennbar und behandelbar wird.

Im extrem vereinfachten Beispiel (Tab.6) kann das Abwägungsproblem wie folgt als eine zweiteilige Bedingung formal dargestellt werden:

(1) A/B :	${}_{AB}V_1$)(${}_{AB}N_2$	=>	A falls ${}_{AB}V_1$) ${}_{AB}N_2$
		=>	B falls ${}_{AB}V_1$ (${}_{AB}N_2$
(2) B/A :	${}_{BA}N_1$)(${}_{BA}V_2$	=>	A falls ${}_{BA}N_1$) ${}_{BA}V_2$
		=>	B falls ${}_{BA}N_1$ (${}_{BA}V_2$.

Das Zeichen ")(" symbolisiert die Frage, ob die Vorteilsseite die Nachteilsseite dominiert oder umgekehrt. Lautet die Antwort bei Bedingung (1) "Ja", wird die Variante A gewählt, bei "Nein" wird die Variante B gewählt.[8]

---

[8] Um den Zusammenhang mit der zuvor behandelten Abstimmungsmatrix bzw. mit der Einstimmigkeitsforderung herzustellen, codieren wir Ja>1 und Nein>0 und erhalten z.B. für den Fall "JA" die folgende Matrixdarstellung der Bedingungen (1) und (2):

	A	B			B	A
	A	*	1	bzw.	B	*	0

Die Bedingung (2) ist in Bedingung (1) logisch impliziert. Praktisch können die Antworten jedoch widersprüchlich sein, was bedeutet, daß der Abwägungsvorgang noch unzureichend fundiert ist und weitergeführt werden muß.

Es wird im folgenden unterstellt, daß der Abwägungsvorgang - ob kollektiv und interaktiv (in der Gruppe) oder individuell und kognitiv (im Kopf) - im Prinzip auf dialektische Weise abläuft, d.h. daß er auf dem Austausch von Argumenten für und wider die Überlegenheit von Vorteilen gegenüber Nachteilen und umgekehrt basiert. Hierzu ist zum einen nötig, den Dialog zu organisieren, etwa nach den Regeln der dialogischen Logik (begründet von Paul Lorenzen und Kuno Lorenz, 1955) und zum anderen, ständig neues Wissen herbeizuschaffen, um die Argumente sachlich zu fundieren.

Das bedeutet methodologisch, den Abwägungsvorgang als eine eigenständige Arbeitsetappe in der Entscheidungstechnik anzusehen und seine Ausgestaltung verstärkt zu betreiben.

4. Zwei Arbeitsetappen

Um zu einer Lösung des multikriteriellen Entscheidungsproblems zu gelangen, ist ein Arbeitsvorgang erforderlich, der zwei große Etappen umfaßt:

(1) die Vorbereitung der Entscheidung als Datenbereitstellung (Kapitel 2)

(2) den Entscheidungsvorgang als planvolles Verfahren der Sondierung und Abwägung von Vorteilen und Nachteilen (Kapitel 3 und 4).

Aufgabe des ersten Arbeitsschrittes ist vor allem die Bestimmung der sogenannten Objektcharakteristik in Form einer Datentabelle, die in der Kopfzeile die Optionen und in der Kopfspalte die Kriterien enthält. Das Tabelleninnere enthält die sog. Ausprägungen der Kriterien. Ein Problem besteht darin, zwischen Fakten und Hypothesen zu unterscheiden und die jeweils adäquate Skalierung zu verwenden.[9]

Die Darstellung der verschiedenen Kriterienausprägungen auf verschiedenen Skalen ist der Normalfall, das heißt die Objektcharakterisierung ist im Hinblick auf die zu verwendenden Skalen gemischt. Eine einheitliche Verhältnisskala existiert nicht und kann daher auch nicht künstlich hergestellt werden, abgesehen davon, daß sich dies im Hinblick auf die zweite Arbeitsetappe ohnehin verbietet.

Kapitel 2 enthält auch einen Überblick über die Grundlagen der Skalentheorie.

Aufgabe der zweiten Arbeitsetappe ist, eine neurogene Leistung des menschlichen Gehirns abzufordern und zu ermöglichen. Diese Leistung besteht in der Denkarbeit, die mit der Abwägung verbunden ist, d.h. in der expliziten Abwägung von Vorteilen und Nachteilen einer Option im Vergleich mit einer anderen (paarweise Vergleiche von Optionen).

Abwägung ist ein metaphorischer Begriff. Der gedankliche Rückgriff auf eine Balken- oder Hebelwaage hilft uns verstehen, warum Abwägung und Entscheidung untrennbar miteinander verbunden sind insofern, als das Ergebnis der Abwägung die Entscheidung ist. Das besondere Problem der Abwägung besteht darin, den kognitiven Entscheidungsvorgang des Abwägens eines jeweils - festgeschnürten - Paketes von Vorteilen einerseits und von Nachteilen andererseits (im Sinne eines n-Tupels,

---

9 Ausprägungen sind Fakten, wenn sie unmittelbar Objekt-bezogen sind (Beispiel Müllverbrennungsanlage), weil sie sich entweder auf Eigenschaften des Objekts als physischer Entität oder auf Eigenschaften des Objekts als Aktivität, d.h. auf Inputs oder Outputs beziehen. Die Erfassung der Fakten ist ein empirisches Problem. Ausprägungen sind Hypothesen, wenn sie mittelbar Objekt-bezogen sind, weil sie sich auf Folgewirkungen der obenerwähnten Inputs und Outputs beziehen. Die Erfassung der hypothetischen Ausprägungen setzt die modellmäßige Herstellung von Kausalrelationen zwischen "Eingriffen" und nachfolgenden Zustandsveränderungen der Ausgangslage, die Vernetzung, sowie die Durchführung von Modellsimulationen voraus. Die Herstellung und Begründung der hypothetischen Ausprägungen ist in erster Linie ein theoretisches Problem, da entsprechende Fallstudien im allgemeinen nicht vorliegen.

Vektors oder Verbands) als einen ebensolchen zu begreifen und zu behandeln.

Die erläuterten beiden Arbeitsetappen sind streng voneinander zu trennen, wobei der zweiten Etappe eine ganz wesentliche - im einzelnen noch nicht ausgelotete - Bedeutung zukommt. Zwischen beiden Etappen liegt gewissermaßen die Demarkationslinie "zwischen empirischer Aussage und logischer Transformation" (Engels, 1962, 20). In dem Maße, wie es gelingt, den Abwägungsvorgang besser in die Wege zu leiten, zu organisieren und in der Praxis durchzuführen, besteht Hoffnung, die gängigen sogenannten Bewertungs- und Aggregationsverfahren, die beide Etappen in der ersten Etappe der Entscheidungsvorbereitung miteinander vermengen, zu überwinden.[10]

---

[10] Insbesondere kann nicht behauptet werden, durch die Gewichtung von Kriterienausprägungen (siehe hierzu Anhang A-1) werde das Abwägungsgebot erfüllt. Es ist im Gegenteil so, daß die explizite Benennung und Abwägung der verschiedenen Vorteile und Nachteile der Optionen nicht nur nicht vorgenommen, sondern regelrecht verhindert wird ("Abwägungsausfall"): durch die Aggregation - die im übrigen schon oft wegen des Mißbrauchs von Zahlensymbolen und der damit verbundenen Skalierungscamouflage methodisch unzulässig ist - werden Vorteile und Nachteile widersinnigerweise miteinander verrechnet, aber nicht gegeneinander und untereinander abgewogen. Der unterschiedlichen Bedeutung von Vorteilen und Nachteilen muß auf andere Weise Rechnung getragen werden, nämlich bei der expliziten Abwägung selbst und in Form der Begründung expressis verbis der jeweiligen Abwägungsentscheidung (Vgl. auch Köhl/Strassert, 1993, 44f).

Kapitel 2 Die Vorbereitung der Entscheidung als Datenbereitstellung

5. Die Objektcharakteristik

5.1 Die Datentabelle

Die Entscheidungsvorbereitung dient der Erstellung einer Ausgangstabelle - Datentabelle genannt. Die drei Grundbestandteile einer Datentabelle sind (Tüshaus, 1983, 1 f.):
(1) x, d.h.eine Menge von Objekten
(2) k, d.h. eine Menge von Merkmalen (Kriterien)
(3) E, d.h. eine Objektcharakteristik, welche $x \cdot k$ Charakterisierungen enthält.

Objekte sind im regionalplanerischen Kontext der Entscheidungstechnik in der Regel entweder projektierte Einrichtungen der technischen Infrastruktur (Projekte) oder Areale im Sinne von möglichen Standorten für solche Einrichtungen. Im ersten Fall besteht das Entscheidungsproblem in der Projektauswahl, im zweiten Fall in der Standortwahl. Entsprechende Problemstellungen sind in der Übersicht 1 aufgeführt. Diesen Problemstellungen entsprechen die Tabellenschemata A und B.

Typ	Gegebenheiten	Problemstellung	Beispiele
A	(1) Eine bestimmte Region/ein bestimmter Standort	Rangordnung der Projekte nach ihrer Vorteilhaftigkeit	
	(2) Eine bestimmte Anzahl von Projekten		
	(a) Projekte gleicher Art (Varianten)	Auswahl einer Projektvariante	Verschiedene Trassenführungen
	(b) Projekte verschiedener Art	Auswahl eines Projekts	Verschiedene ökologische Kompensations-maßnahmen
	(3) Zeithorizont für die Projektdurchführung		
B	(1) Eine bestimmte Anzahl von Standorten	Rangordnung der Standorte nach der Vorteilhaftigkeit:	Verschiedene Standorte für eine Müllverbrennungs-anlage
	(2) Ein Projekt	Auswahl eines Standortes	
	(3) Zeithorizont für die Projektdurchführung		

Übersicht 1: Zwei Typen entscheidungstechnischer Problemstellungen in der Regionalplanung

Kriterien \ Projekte	OF P_0	MF P_1	. . .	P_m
K_1	e_{10}	e_{11}	. . .	e_{1m}
.	.	.		.
.	.	.		.
.	.	.		.
K_n	e_{n0}	e_{n1}	. . .	e_{nm}

Tab. 7: Tabellentyp A

Standorte / Kriterien	S_1 OF	S_1 MF	. . .	S_m OF	S_m MF
K_1	$\hat{e}_{11}$	e_{11}	. . .	$\hat{e}_{1m}$	e_{1m}
.	.	.	. . .	.	.
.	.	.	. . .	.	.
.	.	.	. . .	.	.
K_n	$\hat{e}_{n1}$	e_{n1}	. . .	$\hat{e}_{nm}$	e_{nm}

Tab. 8: Tabellentyp B

Es bedeuten:
OF: "Ohne-Fall": Ausgangslage ohne Projekt
bzw. "Nulloption" (P_0)
MF: "Mit-Fall": "Was-Wäre-Wenn-Fall"
bzw. neue Lage mit Projekt
e_{ij}: "Ergebnisse" im Sinne von Kriterienausprägungen

Die Tabellenschemata tragen einem entscheidungstheoretischen Grundprinzip, dem "Mit-und-Ohne-Vergleich", Rechnung und enthalten den "Ohne-Fall" (OF), d.h. die Ausgangslage ohne Projekt, genauer die Kriterienausprägungen der Ausgangslage, in expliziter Form. Damit wird die sogenannte Null-Option explizit mitgeprüft, was einer Vernachlässigung der grundsätzlichen Möglichkeit des Unterlassens, d.h. des Projektverzichts, entgegenwirkt.

Entfernt man die OF-Spalten aus den Tabellenschemata, erhält man die übliche schematische Darstellung einer Datentabelle. Diese Darstellung verführt häufig dazu, die Null-Option tatsächlich außer Acht zu lassen ("Aus den Augen, aus dem Sinn"). In Wirklichkeit handelt es sich um Tabellenschemata, die die Kriterienausprägungen der Ausgangslage in impliziter Form enthalten, d.h. die Kriterienausprägungen der Ausgangslage (Null-Option) definieren den Bezugspunkt für die Kriterienausprägungen der Optionen (Projekte, Standorte). Die Kriterienausprägungen sind daher prinzipiell als Abweichungen von den Ausprägungen der Ausgangslage (Null-Option) zu verstehen und so zu definieren.

Die Darstellung der Kritienausprägungen muß so erfolgen, daß sie als Verbesserungen (Vorteile) oder Verschlechterungen (Nachteile) der Ausgangslage zu erkennen sind.

Diese Darstellungsweise hat jedoch Konsequenzen für die Darstellung und Interpretation von Kriterienausprägungen. Skalentheoretisch gesprochen, wird hier der Nullpunkt der Ausgangsskala verändert. Ist die Ausgangsskala eine Verhältnisskala, geht man somit auf eine Intervallskala über (bzw. zurück) mit der Konsequenz, daß bestimmte Rechenoperationen, die zuvor zulässig waren, nun nicht mehr zulässig sind. (Hierzu mehr weiter unten, Abschnitt 6).

5.2 Optionen und Alternativen

Der Anschaulichkeit wegen haben wir die Kopfzeilen der beiden Schemata einer Datentabelle mit "Projekte" bzw. "Standorte" bezeichnet und insoweit der Behandlung des Begriffs "Objekt" als einem der Grundbestandteile einer Datentabelle vorgegriffen. Vor der weiteren inhaltlichen Klärung des Objektbegriffs (unter 5.3) soll hier zunächst eine Klärung der Begriffe "Optionen" und "Alternativen" eingeschoben werden.

Der Begriff "Null-Option" ist ja bereits gefallen. Offensichtlich stellen die in der Kopfzeile der Datentabelle aufgeführten Objekte die Menge der verschiedenen Möglichkeiten dar, zwischen welchen der Entscheidende zu wählen hat. Er hat es gewissermaßen mit einer (begrenzten) Liste von "Optionen" zu tun, für oder gegen die er optieren kann.

Es ist eine weitverbreitete Unsitte, diese Optionen als "Alternativen" zu bezeichnen. Der Begriff Alternative ist per definitionem eine zweistellige (binäre) Relation, d.h. eine Entweder-Oder-Beziehung. Gibt es (nur) zwei Optionen (a, b), so ist die logische Beziehung "a $\underline{\vee}$ b" eine Alternative im Sinne des "ausschließenden Oder", und die Optionen a und b sind jeweils Elemente dieser Alternative. Von einem dritten, vierten etc. Element einer Alternative zu sprechen, wäre eine contradictio in adjecto. Eine einzelne Option kann also keine Alternative sein, wohl aber ein Paar von Optionen.

Bei einer gegebenen Anzahl von Optionen gibt es soviele Alternativen wie es verschiedene Paare von Optionen gibt.

Angenommen, wir hätten n = 4 Optionen, d.h. die Standorte S_1, S_2, S_3 und S_4.
Als n x n Matrix eingeordnet (Tab. 9) ergeben sich 16 Matrixfelder für Paare von Optionen. Nach Abzug der (irrelevanten) Diagonalen und der Doppelzählungen verbleiben z = 6 verschiedene Paare von Optionen, d.h. Alternativen (hier oberhalb der Diagonalen).

S_j / S_j	S_1	S_2	S_3	S_4
S_1	-	$S_1\underline{\vee}S_2$	$S_1\underline{\vee}S_3$	$S_1\underline{\vee}S_4$
S_2	.	-	$S_2\underline{\vee}S_3$	$S_2\underline{\vee}S_4$
S_3	.	.	-	$S_3\underline{\vee}S_4$
S_4	.	.	.	-

Tab. 9: Optionen (n = 4) und Alternativen (z = 6)

Den Ausführungen entspricht die folgende Formel $z = \frac{(n \cdot n) - n}{2} = \frac{n(n-1)}{2}$.
Die Anzahl der Alternativen (z) ist ab der Anzahl von vier Optionen (n = 4) stets größer als die Anzahl der Optionen und nimmt überproportional zu, wie das Zahlenbeispiel zeigt.

n	1	2	3	4	5	6	7	8	9	10	.	.	.
z	0	1	3	6	10	15	21	28	36	45	.	.	.

Der Zusammenhang zwischen der Anzahl der Optionen und der Anzahl der Alternativen kann auch in Form eines Kombinationsoperators oder Binomialkoeffizienten $C_k^n = \binom{n}{2}$, d.h. als Anzahl der Kombinationen ohne Wiederholung von n Elementen (Optionen) zur k-ten Klasse ausgedrückt werden, wobei ein Paar von Optionen eine Zweierklasse (Ambe) darstellt.

Die Anzahl z der Alternativen als "Kombinationen im engeren Sinne" (Colerus, 1959, 53) ergibt sich z.B. bei n = 4 wie folgt: $\binom{4}{2} = \frac{4 \cdot 3}{1 \cdot 2} = \frac{12}{2} = 6;$ entsprechend z.B. bei n = 10: $\binom{10}{2} = \frac{10 \cdot 9}{1 \cdot 2} = \frac{90}{2} = 45.$

Halten wir fest, daß es nicht angebracht ist, die Kopfzeile der Datentabelle mit "Alternativen" zu bezeichnen. Alternativen werden erst im Zusammenhang mit der Vorteile-Nachteile-Tabelle relevant. Die Objekte der Datentabelle sollte man entweder konkret als Objekttyp (z.B. Projekte, Standorte) oder generell mit "Optionen" bezeichnen.

5.3 Objekte und ihre Merkmale

Die Menge der Objekte ist nicht auf Sachen im Sinne nicht lebender Gegenstände beschränkt. Theoretisch sind Objekte alles, was zählbar ist, "weil Objektsein und Zählbarsein Synonyme sind" (Wendt, 1989, 7). Diese auf den ersten Blick etwas befremdliche Begriffsfassung schließt alle konkreten (physischen) Bestandteile der realen Welt, ob lebender oder nicht lebender Art, natürlicher oder anthropogener Herkunft, ebenso ein wie die abstrakten Produkte der Begriffswelt.

Der entscheidungstheoretisch zentrale Punkt ist, daß Objekte einem "Eigenschaftsvergleich" (Wendt, 1989, 8 f.) unterzogen werden können.

Jedes Objekt hat verschiedene Eigenschaften. Eigenschaften sind konstitutiv für Objekte. Objekte ohne Eigenschaften gibt es nicht. Aussagen über Objekte sind im Sinne einer notwendigen, aber, wie weiter unten zu erläutern, nicht hinreichenden Bedingung Aussagen über Eigenschaften. Solche Aussagen, die in der Sprache der Logik Prädikate heißen, bedürfen eines Hilfsmittels, d.h. eines Darstellungsmittels mit der Bezeichnung "Merkmal". Ein Merkmal ist nicht nur eine Bezeichnung einer Eigenschaft, sondern vor allem eine Festlegung, wie die Modalität eines Merkmals, d.h. die "Merkmalsausprägung" formal dargestellt wird. Hierzu bedarf es der Auswahl einer sachgerechten Skala und der Festlegung der dazu passenden Symbole (hierzu weiter unten mehr).

Gibt es k Merkmale, so gibt es für jedes Objekt der Objektmenge x ein k-Tupel von Merkmalsausprägungen, durch welchen ein Objekt charakterisiert wird, und zwar so, daß der oben erwähnte Eigenschaftsvergleich möglich wird. Ein solcher k-Tupel, den man auch Vektor der Merkmalsausprägungen oder charakteristisches Profil eines Objekts nennen kann, entspricht in den Tabellenschemata A und B einer ausgefüllten Tabellenspalte.

Mit Hilfe der charakteristischen Profile der betrachteten Objekte können Relationen zwischen den Objekten hergestellt werden, um die Objekte - kriterienweise - ordnen zu können. Insofern spricht man entscheidungstheoretisch von "Relationen-Ansatz" (Schader, 1978; Roy, 1980; Bartnick, 1983; Tüshaus, 1983).

Eine Objektcharakteristik (E), die ausschließlich einem Eigenschafts-vergleich dient, ist nur in Ausnahmefällen hinreichend. Dies liegt daran, daß Objekte auch "Aktivitäten" sein können und dies in der Regel auch sind. Die oben erwähnten Projekte (der technischen Infrastruktur) sind Einrichtungen, durch deren Betrieb bestimmte Outputs (Leistungen, Haupt- und Nebenprodukte) erbracht werden, was nur möglich ist, wenn dafür bestimmte Inputs (Roh-, Hilfs- und Betriebsstoffe, Arbeitsleistungen) eingesetzt werden. Generell sind Aktivitäten der analytische Ausdruck aller organisierten Tätigkeiten, mit denen Inputs in Outputs transformiert werden. Man kann auch sagen, eine Aktivität sei ein bestimmter analytischer Ausdruck einer bestimmten Technologie.

Beispielsweise verkörpert eine bestimmte Bahnanlage eine bestimmte Technologie in dem Sinne, daß es neben dem Konstruktionsplan einen Funktionsplan gibt, der die technisch-organisatorischen Zusammenhänge auf verschiedene Weise und unter verschiedenen Aspekten vollständig beschreibt. Eine spezielle analytische Beschreibung stellt die (meist in dieser Form unterlassene) Darstellungsform der Aktivität dar, die unter produktionstheoretischem Aspekt die Menge der Outputs (Betriebsleistungen, hier Beförderungen, alle Arten von Emissionen als Kuppelprodukte der Betriebsleistungen) sowie die Menge der Inputs (Arbeitsleistungen aller Art, Roh-, Hilfs- und Betriebsstoffe) in quantitativer Form erfaßt und die technologischen Zusammenhänge von Input und Output mittels geeigneter Kennziffern (sog. Inputkoeffizienten und/oder Outputkoeffizienten) darstellt. Eine Aktivität ist mathematisch definiert als eine Spalte in der (Input-) Koeffizientenmatrix (Menges, 1974, 131). Für den (Regel-) Fall, daß ein Objekt auch die Eigenschaft aufweist, eine Technologie im Sinne einer Aktivität zu sein, können die einzelnen Inputs und Outputs als Eigenschaften der Aktivität und damit auch als (weitere) Eigenschaften des Objekts aufgefaßt werden.

Diese Erweiterung des Katalogs der objektgebundenen Eigenschaften und entsprechender Merkmale ist nicht nur möglich, sondern auch besonders sinnvoll, weil mit Hilfe der Merkmale Inputs und Outputs die unmittelbaren Auswirkungen eines Objekts/Projekts auf die Umgebung erfaßt werden: auf der Inputseite insbesondere der Flächenbedarf, der Bedarf an stofflichen und energetischen Ressourcen, Beschäftigungs- und Einkommenswirkungen und auf der Outputseite insbesondere das Abfallaufkommen, Emissionen in die Biosphäre, Leistungen und Produkte für den privaten und öffentlichen Bedarf.

Halten wir, um den Überblick zu behalten, zwischendurch fest, was sich bislang zur "Objektcharakterisierung" sagen läßt.

Die Charakterisierung eines Objekts erfolgt mit Hilfe von Merkmalen als operationalen Ausdrücken von Objekteigenschaften. Diese Eigenschaften sind zum einen die Eigenschaften, die das Objekt als physische Entität aufweist, zum anderen handelt es sich um Eigenschaften des Objekts in seiner Funktion als Aktivität.

Für jedes Merkmal ist der Bereich seiner Merkmalsausprägung durch Zuordnung einer Skala definiert. Die Skalierungsmöglichkeiten werden weiter unten behandelt.

Die Merkmalsausprägungen sind Fakten, da auch die Eigenschaften, denen sie entsprechen, Fakten sind.

Der Katalog der Merkmale ist noch unvollständig. Es fehlen noch die nicht unmittelbar Objekt-bezogenen Merkmale, die sich auf die Folgewirkungen der oben behandelten Inputs und Outputs beziehen. Beschränken wir uns auf Folgewirkungen ökologischer Art. Ein Objekt/Projekt in seiner Funktion als Aktivität agiert gewissermaßen als Transformator von Stoffen, die der Natur zunächst in Form von Rohstoffen und Energieträgern entnommen werden, um sie letztendlich in Form fester, flüssiger oder gasförmiger Reststoffe in die Natur zurückzuführen. Hinzu kommen Veränderungen des ökologischen Systemgefüges infolge der Flächenbeanspruchung. In diesem Sinne stellt ein Objekt/Projekt einen "Eingriff" dar, welcher Folgewirkungen verschiedener Art hat (Strassert, 1989, 127 f.; 1992, 32ff).

Die Frage nach den möglichen Folgewirkungen ist keine Frage nach Fakten (wie bei den Eigenschaften), sondern eine Frage nach hypothetischen Antworten. Welche der ohnehin möglichen Zustandsveränderungen des ökologischen Systems (Ohne-Fall) können/müssen inwieweit dem Objekt/Projekt zugerechnet werden (Mit-Fall)? Antworten auf diese Fragen können nur Hypothesen (Wirkungshypothesen) sein, deren Verläßlichkeit von dem Kenntnisstand über Systemgefüge und Systemvorgänge (Wirkungszusammenhänge) sowie von der Qualität von Modellrechnungen, d.h. von Simulationen (die man fälschlicherweise oft Wirkungsprognosen nennt) abhängt.

Um Merkmale überhaupt in den Merkmalskatalog aufnehmen zu können, sind genaue Kenntnisse über die Objekte unabdingbar. Der oben behandelte Eigenschaftsvergleich setzt eine genaue Kenntnis der physischen Beschaffenheit des Objekts sowie der Input- und Outputmengen voraus. Will man in den Merkmalskatalog Merkmale aufnehmen, die sich auf die ökologischen Folgewirkungen von Eingriffen, d.h. auf die durch Inputs und Outputs hervorgerufenen Zustandsveränderungen eines ökologischen Systems beziehen, so bedarf es genauer Kenntnisse über dieses System. Ein generelles Systemverständnis ist nicht ausreichend, da es für die Objektcharakterisierung um die Bestimmung von Merkmalsausprägungen geht, welche wiederum nur als hypothetische Ergebnisse von Modellrechnungen zu gewinnen sind. Modellrechnungen (Simulationen) setzen geeignete ("Computer-unterstützte") Modelle und Algorithmen voraus. Durch die Art solcher Modelle ist festgelegt, welche

Merkmale in den Merkmalskatalog aufgenommen werden können, nämlich nur solche, die sich auf Zustandsveränderungen beziehen, die sich im verfügbaren Modell simulieren lassen (Schönwandt, 1991, 32 f.).

5.4 Von Merkmalen zu Kriterien

Die Objektcharakterisierung (E) erfolgt mit Hilfe von Merkmalen, die Kriterien heißen. Alle Kriterien sind Merkmale, aber nicht alle Merkmale sind Kriterien. Kriterien sind eine Teilmenge aller Merkmale eines Objekts, d.h. Kriterien sind diejenigen Merkmale, welche zum Zwecke des Vergleichs von Objekten aus der Menge der Merkmale (im folgenden als objektbezogener Merkmalskatalog bezeichnet) ausgewählt werden.

Wir haben es hier also wieder mit einem Auswahlproblem zu tun, wobei die Objekte diesmal die Merkmale sind, die per Merkmalskatalog ebenso "vorgegeben" sind wie die Objekte per Objektkatalog. Für die Auswahl der Merkmale benötigen wir wiederum Kriterien (die ihrerseits wieder Merkmale, allerdings anderer Art, sind).

Fragt man nach den Gesichtspunkten, die dafür maßgebend sind, daß aus dem Merkmalskatalog für die Objektcharakterisierung ein Teil der Merkmale ausgewählt, d.h. zu Kriterien gekoren wird, während der andere Teil der Merkmale hinfort nicht weiter beachtet wird, so gelangt man zu einem Aussagenbereich, in dem Menschen ihre Wunschvorstellungen bekunden und diese in Form von Absichtserklärungen, Motivationen, Grundsätzen, Forderungen und Vorschriften ausdrücken. In diesem Aussagenbereich, der auch "Wertsystem" genannt wird, werden auch Begriffe wie Werthaltungen, Intentionen, Maximen, Postulate, Präferenzen, Ziele, Zielsetzungen, Zielhierarchien und Zielsysteme verwendet. Im Grunde geht es hier um Vor-Urteile im Sinne von mehr oder weniger speziellen Relevanzurteilen, d.h. hier über die Bedeutung von Systemzuständen und deren Veränderungen.

In diesem Zusammenhang spielen Checklisten eine große Rolle, insbesondere diejenigen, welche mit Hilfe von sogenannten Zielhierarchien, d.h. durch die Untergliederung eines Oberziels in Zwischenziele und der

Zwischenziele in Unterziele erstellt werden. Für unser Auswahlproblem stellt sich die Frage, ob die Unterziele die gesuchten Gesichtpunkte sind, mit deren Hilfe aus dem objektbezogenen Merkmalskatalog der als Kriterien bezeichnete Teil der Merkmale bestimmt werden kann. Oder können die Unterziele sogar mit den gesuchten Kriterien gleichgesetzt werden?

Zunächst sind die Begriffe Merkmal und Ziel auseinanderzuhalten. Ein Ziel bringt in verbaler oder formaler Form einen Anspruch zum Ausdruck, ein Merkmal bezeichnet nur die Art seiner Ausprägung. Mit Bezug auf die Ausprägung eines Merkmals kann ein Ziel formuliert werden, etwa in Form einer Maximierungs- oder Minimierungsvorschrift oder in Form einer Höchst- und/oder Mindestbedingung. Ein Ziel beschreibt also einen Anspruch an die Ausprägung eines Merkmals, und indem es das tut, wird auch das Merkmal benannt. In diesem Sinne werden Kriterien auch als "Zielkriterien" bezeichnet. Für die Objektcharakteristik sind allerdings Kriterien völlig ausreichend. Die Bedeutung von Zielen für den Entscheidungsvorgang, insbesondere die Abwägung von Kriterienausprägungen wird weiter unten behandelt.

Woher weiß man aber, daß die Merkmale, auf die sich die Unterziele jeweils beziehen, genau den Merkmalen des objektbezogenen Merkmalskatalogs entsprechen? Man weiß es nicht, denn es hängt von der Wahl des Oberziels und der Art und Weise der Untergliederung ab, zu welchem Katalog von Merkmalen, als Zielkriterien verklausuliert, man gelangt. In welchem Maße beide Merkmalskataloge, der objektbezogene und der zielbezogene, übereinstimmen, insbesondere, ob der zielbezogene eine echte Teilmenge des objektbezogenen Merkmalskatalogs - und damit der gesuchte Kriterienkatalog - ist, ist eine Frage der Spekulation. Daher entbehrt die Annahme, der zielbezogene Merkmalskatalog sei der für die Objektcharakterisierung geeignete Kriterienkatalog, einer ausreichenden Grundlage. Tatsächlich ist diese Annahme jedoch weit verbreitet, was sich darin äußert, daß "Zielsysteme" zelebriert werden, ohne daß ein Bezug zu einem objektbezogenen Merkmalskatalog (der gar nicht vorkommt) hergestellt wird. Die Objektcharakterisierung wird völlig in das "Wertsystem" und dort in den Bereich der Zielkriterien verlagert, und das "Objektsystem" liefert lediglich den Objektkatalog

("Alternativen"). (Stellvertretend für diese Sichtweise neuerdings z.B. Schneeweiß, 1991, 57 ff.). Bartnick spricht in diesem Zusammenhang, d.h. in Bezug auf den zielbezogenen Merkmalskatalog, von "Kriterienansatz" und stellt diesem den auf der Objektcharakterisierung gründenden "Relationen-Ansatz" gegenüber und stellt fest: "Es ist nun gerade der Unterschied zwischen dem Kriterien-Ansatz und dem Relationen-Ansatz, daß der erste Ziele verwendet und der zweite nicht. Für eine Präferenzrelation braucht man kein Oberziel, keinen Zielbaum und keine Zielkriterien" (Bartnick, 1983, 16).

Der hier behandelte objektbezogene Merkmalskatalog ist in diesem Sinne dem Relationen-Ansatz zuzuordnen.

Auf einen objektbezogenen Merkmalskatalog kann nicht verzichtet werden, vielmehr ist seine Erstellung eine unabdingbare Voraussetzung für die Objektcharakterisierung (E). Daher stellt sich auch das Auswahlproblem, aus dem objektbezogenen Merkmalskatalog eine Teilmenge als "Kriterien" zu bestimmen. Für diese Selektion mögen, separat erstellte, Zielsysteme und Zielkriterien eine gewisse Hilfe sein. Zunächst einmal geht es darum, Merkmale auszuscheiden, die vom Auswählenden für irrelevant gehalten werden, sodann um die Sortierung und schrittweise Einengung der Menge der für relevant gehaltenen Merkmale. Die Kriterienauswahl ist zu begründen, wobei es zweitrangig ist, ob man sich bei der Begründung eines Zielsystems bedient oder nicht.

5.5 Die Darstellung von Kriterienausprägungen

Die Kriterienausprägungen sind in den Tabellenschemata A und B durch das Symbol e_{ij} gekennzeichnet. Dieses Symbol schließt ganz verschiedenartige Darstellungen von Ausprägungen ein. Es ist weder entscheidungstechnisch notwendig, noch im Regelfall möglich, die Kriterienauspägungen in einheitlicher Weise darzustellen, etwa in dem Sinne, daß in einer Tabellenspalte ausschließlich Ziffern stehen, die man als Anzahlen auffassen und deshalb grundsätzlich allen Rechenoperationen der Schulmathematik unterziehen könnte. Um Fehlinterpretationen zu vermeiden, ist es in bestimmten Fällen angebracht, andere Symbole, etwa Buchstaben oder graphische Zeichen, zu verwenden. Gleichwohl bleiben wir im folgenden vorerst bei der Annahme, die Objektcharakterisierung sei ausschließlich mit Hilfe von Ziffern erfolgt.

Um die Verschiedenartigkeit der Ausprägungen darstellen zu können, muß für jedes Kriterium eine bestimmte Skala entweder bereits vorgegeben sein oder erst erstellt werden.

Was ist unter einer "Skala" zu verstehen? In erster Annäherung ist festzuhalten, daß eine Skala mit dem Vorgang des Messens verbunden ist, genauer müßte man "Meßskala" ("scale of measurement"; Luce & Narens, 1990, 159) sagen. Es gibt mehrere Typen von Skalen, und für jeden Typus gibt es eine Menge verschiedener Skalen, die bestimmten (Typ-gebundenen) Transformationsbedingungen genügen.

Zum verständigen Umgang mit Skalen als Voraussetzung für die sachgerechte Darstellung von Kriterienausprägungen ist im folgenden ein Ausflug in die Theorie des Messens oder der Skalentheorie hilfreich und in Anbetracht der stiefmütterlichen Behandlung dieser Thematik in der planungswissenschaftlichen Literatur durchaus angebracht.

6. Grundlagen der Skalentheorie

6.1 Das Internationale Einheitensystem

Im folgenden werden vor allem vier Skalentypen behandelt: die Verhältnisskala, die Intervallskala, die Nominalskala und die Ordinalskala. Die Reihenfolge der Behandlung hängt mit dem im folgenden zu erläuternden Repräsentationsprinzip zusammen. Auf zwei weitere, hier weniger relevante Skalen, die absolute Skala und die Log-Intervallskala wird an geeigneter Stelle hingewiesen.

Beginnen wir mit der Verhältnisskala. Eine Verhältnisskala ist uns aus dem täglichen Leben so vertraut, daß häufig angenommen wird, sie sei der Prototyp einer Skala und alle anderen Skalentypen seien nur mehr oder weniger unvollkommene Abwandlungen. Daß dem keineswegs so ist, soll durch einen Ausflug in die Theorie des Messens bzw. der Skalentheorie klar werden.
Zunächst scheint dieser Ausflug gar nicht nötig, da uns eine Menge von Skalen ja allgemeingültig vorgegeben sind.

Seit 1960 gibt es das Internationale Einheitensystem (SI: Système International d'Unités oder International System of Units), das von der 11. Generalkonferenz für Maß und Gewicht beschlossen und seitdem von fast allen Ländern der Erde übernommen wurde. Auch die Bundesrepublik Deutschland hat die Einheiten, in denen Größen im geschäftlichen oder amtlichen Verkehr anzugeben sind, gesetzlich vorgeschrieben ("Gesetz über Einheiten im Meßwesen" in Verbindung mit einer Ausführungsverordnung: BGBl Nr.55 (1969) und Nr.62 (1970)).

Das Internationale Einheitensystem basiert auf den sieben Grundeinheiten Meter, Sekunde, Kilogramm, Ampere, Mol, Kelvin und Candela (Übersicht 2), aus denen sich alle übrigen Einheiten ableiten lassen, und zwar als Potenzprodukte mit dem Zahlenfaktor 1. Somit gibt es für jede Größe eine und nur eine (kohärente) SI-Einheit (Baehr, 1974, 43; einen Überblick über diese, aber auch die Vielzahl historischer Maße gibt Hellwig (1988)).

Größenart	SI-Basiseinheit Name	Zeichen
Länge	das Meter	m
Zeit	die Sekunde	s
Masse	das Kilogramm	kg
elektrische Stromstärke	das Ampere	A
Stoffmenge	das Mol	mol
thermodyn. Temperatur	das Kelvin	K
Lichtstärke	die Candela	cd

Definitionen:

1 Meter ist das 1650763,73fache der Wellenlänge der von Atomen des Nuklids ^{86}Kr (Krypton) beim Übergang vom Zustand $5d_5$ zum Zustand $2p_{10}$ ausgesandten, sich im Vakuum ausbreitenden Strahlung (11. Generalkonferenz für Maß und Gewicht, 1960).
1 Sekunde ist das 9192631770fache der Periodendauer der dem Übergang zwischen den beiden Hyperfeinstrukturniveaus des Grundzustandes von Atomen des Nuklids ^{133}Cs (Cäsium) entsprechenden Strahlung (13. Generalkonferenz für Maß und Gewicht, 1967).
1 Kilogramm ist die Masse des Internationalen Kilogrammprototyps (1. Generalkonferenz für Maß und Gewicht, 1889).
1 Ampere ist die Stärke eines zeitlich unveränderlichen elektrischen Stromes, der, durch zwei im Vakuum parallel im Abstand 1 m voneinander angeordnete, geradlinige, unendlich lange Leiter von vernachlässigbar kleinem, kreisförmigem Querschnitt fließend, zwischen diesen Leitern je 1 m Leiterlänge elektrodynamisch die Kraft $2 \cdot 10^{-7}$ Newton hervorrufen würde (9. Generalkonferenz für Maß und Gewicht, 1948). Dies entspricht einem Durchtritt von $6{,}241450 \cdot 10^{18}$ Elektronen je Sekunde durch den Leiterquerschnitt. (1 Newton (N) ist gleich der Kraft, die einem Körper der Masse 1 Kilogramm die Beschleunigung 1 Meter durch Sekundenquadrat erteilt).
1 Mol ist die Stoffmenge eines Systems, das aus ebenso vielen Teilchen besteht, wie Atome in 0,012 kg des Nuklids ^{12}C (Kohlenstoff) enthalten sind. Bei der Anwendung des Mol müssen die Teilchen spezifiziert werden; es können Atome, Moleküle, Ionen, Elektronen oder andere Teilchen sein (14. Generalkonferenz für Maß und Gewicht, 1971).
1 Kelvin ist der 273,16te Teil der thermodynamischen Temperatur des Tripelpunktes von Wasser (13. Generalkonferenz für Maß und Gewicht, 1967).
1 Candela ist die Lichstärke, mit der (1/600 000)m^2 der Oberfläche eines Schwarzen Strahlers bei der Temperatur des beim Druck 101 325 N/m^2 erstarrenden Platins senkrecht zu seiner Oberfläche leuchtet (13. Generalkonferenz für Maß und Gewicht, 1967). N/m^2 : 1 Pascal (Pa). 1 Pascal ist gleich dem auf eine Fläche gleichmäßig wirkenden Druck, bei dem senkrecht auf die Fläche 1 Meterquadrat die Kraft 1 Newton (N) ausgeübt wird.

Übersicht 2: Die Basiseinheiten des Internationalen Einheitensystems

Da das Internationale Einheitensystem aus dem in Frankreich entwickelten metrischen System hervorgegangen ist, enthält es vorwiegend Verhältnis- und Intervallskalen.
Wenn auch die Einheiten solcher Skalen bekannt sind, die Frage nach den meßtheoretischen Grundlagen einer Skala und von Skalentypen bleibt dennoch offen, so daß ein Ausflug in die Theorie des Messens/Skalentheorie keineswegs überflüssig ist.

6.2. Grundproblem und Grundbegriffe des Messens und Skalierens

Machen wir uns das Grundproblem der Theorie des Messens und Skalierens an einem einfachen Beispiel, der Messung von Länge, klar (Narens, 1985,11; Orth, 1974, 14). Länge ist eine physikalische Eigenschaft aus einer Menge von Eigenschaften, die physische Objekte, z.B. die Objekte a und b haben.

Die Objekte a und b seien zunächst zwei gerade Holzstäbe. Eine Meßskala haben wir noch nicht. Um festzustellen, ob beide Stäbe von gleicher oder von verschiedener Länge sind, legen wir sie nebeneinander, und zwar linksbündig. Stimmen auch die rechten Endpunkte augenscheinlich genau überein, sagen wir, beide Stäbe seien gleich lang. "Gleich lang" bedeutet, daß zwischen den beiden Objekten a und b in Bezug auf die Eigenschaft Länge eine Beziehung besteht, die man Äquivalenzrelation nennt und durch das Symbol " $\approx$ " ausdrückt.
Da wir die Äquivalenzrelation in Bezug auf die Längeneigenschaft (l) meinen, lautet das Symbol " $\approx_l$ ", und wir können für den Sachverhalt kurz schreiben: $a \approx_l b$.
Sind die Stäbe a und b nicht gleich lang, besteht zwischen den beiden Objekten zunächst einmal eine Antivalenzrelation, ausgedrückt durch das Symbol " $\neg\approx$ ", also: $a \neg\approx_l b$. Da in diesem Fall einer binären Antivalenzrelation entweder a oder b größer (kleiner) ist, kann man die Antivalenzrelation im Sinne der Logik auch als "ausschließendes Oder" bezeichnen.
Genauer besehen, kann der Längenvergleich zu dem Ergebnis führen, daß a länger sei als b, oder daß a kürzer sei als b. In diesem Fall verwenden wir die Symbole "~>" bzw. " <~ " und schreiben: a ~> b oder a <~ b.

Meßtheoretisch gesprochen, haben wir bislang folgendes gemacht:

(1) Aus einer Menge von Objekten (x) haben wir zwei Objekte (a, b) ausgewählt: x = [a, b].

(2) Zwischen den beiden Objekten haben wir eine binäre Relation (R_l) hergestellt.

(3) Zu der binären Relation sind wir aufgrund einer binären Operation, hier des Nebeneinanderlegens gelangt. Allgemein wird eine Operation, die der Herstellung einer Relation ($R_1,\dots,R_i$) dient, "Verkettung" (concatenation) genannt und mit dem Symbol "∘" gekennzeichnet.

Im Falle der Äquivalenzrelation gilt also z.B. $a \circ b \Rightarrow a R_l b \Rightarrow a \approx_l b$

Wir haben es hier mit einer sogenannten qualitativen oder empirischen relationalen Struktur - kurz: empirisches Relativ (Orth, 1974, 15) - zu tun, ausgedrückt als $\aleph = \{ x, R_1, \dots, R_i \}$ (Luce & Narens, 1990, 159).

Das Kernproblem der Theorie des Messens bzw. der Skalentheorie besteht darin, eine bestimmte $\aleph$-Struktur in eine andere, d.h. in eine strukturgetreue quantitative d.h. numerisch relationale Struktur - kurz: numerisches Relativ $\Re$ - zu überführen: $\aleph \Rightarrow \Re$

$\Re$ ist allgemein definiert:

$\Re=\{\Re^+,S_1,\dots,S_n\}$

mit

$\Re^+$: Menge der positiven reellen Zahlen

$S_1,\dots,S_n$: numerische Relationen, die die Relationen $R_1,\dots,R_n$ repräsentieren.

Bleiben wir beim Längenbeispiel und gehen schrittweise vor. Der Stab a mit seiner bestimmten, aber bislang noch nicht genau angebbaren Länge diene dabei als eine Längeneinheit. Ordnen wir z.B. 10 Stäbe gleicher Länge hintereinander (bündig) in gerader Linie an, ergibt sich als grafischer Ausdruck der Verkettung (a∘a∘a∘a∘a∘a∘a∘a∘a) die folgende Abbildung:

1	2	3	4	5	6	7	8	9	10

Schreibt man vereinfachend $a \circ n \cdot a$, so erkennt man, daß eine bestimmte Länge definiert ist durch eine Einheit a und die Anzahl der "Kopien" dieser Einheit. Die Länge 10a ist also: $a \circ 9 \cdot a$

Überführen wir nun das empirische Relativ $\aleph$ in das numerische Relativ $\mathfrak{R}$ indem wir eine Skala mit 10 gleichen Teilen bilden und die Skalenstriche von 0 bis 10 durchnumerieren:

1	2	3	4	5	6	7	8	9	10

Wichtig ist, daß die numerische Skala (s.o.) eine "homomorphe Abbildung" des zuvor dargestellten empirischen Sachverhalts ist. Die Ziffern 0 und 1 repräsentieren Anfang und Ende des als Einheit verwendeten Stabs a. Die Ziffer 2 repräsentiert 2 Einheiten ($2 \cdot a$, d.h. eine Einheit a und eine "Kopie"), die Ziffer 3 entspricht $3 \cdot a$ usw. Die Abstände zwischen den Skalenstrichen sind alle gleich, weil sie jeweils die Stablänge a repräsentieren. Der Nullpunkt ist ein "absoluter Nullpunkt", weil es dort das Phänomen Länge tatsächlich nicht gibt und alle Skalenangaben von diesem Ursprung aus definiert sind.

Wir haben es hier mit einer Verhältnisskala zu tun. Diese erlaubt die Herstellung von numerischen Relationen, die in der Arithmetik den vier Grundrechenarten entsprechen.

Zunächst sei daran erinnert, daß wir numerische Relationen $S_1,\ldots,S_n$ bestimmen wollen, die die empirischen Relationen $R_1,\ldots,R_n$ repräsentieren. Vier Relationen haben wir schon kennengelernt.

R_1 : " $\approx$ " : Äquivalenzrelation, überführt in S_1: " = "
(Vergleichsrelation: "ist gleich")
R_2 : " $\neg\approx$ " : Antivalenzrelation, überführt in S_2: " $\neq$ "
(Vergleichsrelation: "ist nicht gleich")
R_3 : " ~> " : Dominanzrelation, überführt in S_3: " > "
(Vergleichsrelation: "ist größer als")
R_4 : " <~ " : Dominanzrelation, überführt in S_4: " < "
(Vergleichsrelation: "ist kleiner als").

Hinzu kommen nun vier weitere Relationen:

R_5 : " ∪ " : Vereinigungsrelation, überführt in S_5: " + " (Addition)

R_6 : " / " : Eliminationsrelation, überführt in S_6: " - " (Subtraktion)

R_7 : " × " : Kombinationsrelation, überführt in S_7: " · " (Multiplikation)

R_8 : " ÷ " : Verhältnisrelation, überführt in S_8: " : " (Division).

Fügt man in unserem Längenbeispiel z.B. zu der ersten Einheit (Stab a) neun weitere Einheiten hinzu, bildet man also, mengentheoretisch gesprochen, die Vereinigungsmenge $A \cup B = V$ mit $A = [a]$ und $B = [a,a,a,a,a,a,a,a,a,]$ und ordnet den Mengen Zahlen (z) zu, so kann man die arithmethische Operation der Addition wie folgt beschreiben:
$z(A \cup B) = z(A) + z(B) = 1 + 9; z(V) = 10$.

Entfernt man von den 10 Einheiten z.B. 4 Einheiten, bildet man also, mengentheoretisch gesprochen, die Restmenge $V/C = R$, so läßt sich die arithmetische Operation der Subtraktion wie folgt beschreiben:
$z(V/C) = z(V) - z(C) = 10 - 4; z(R) = 6$.

Die arithmetische Operation der Multiplikation bedeutet mengentheoretisch die Bestimmung einer Produktmenge (P). Soll z.B. die Länge 2a vervierfacht werden, so gibt es acht Zweierkombinationen (Amben), entsprechend der Anzahl der Felder der folgenden Matrix:

	a	a	a	a
a				
a				

Formale Darstellung der Multiplikation:
$z(D \times E) = z(D) \cdot z(E) = 2 \cdot 4; z(P) = 8$.

Die arithmetische Operation der Division bedeutet mengentheoretisch die Zerlegung einer Menge (F) von Einheiten vollständig in gleiche Teilmengen. Unterteilt man z.B. die Menge F = [6a] in die gleichen Teilmengen G_1 = [3a] und G_2 = [3a], gilt also $G_1 = G_2$, so bezeichnet z(q) = 2 die Anzahl dieser Teilmengen, d.h. die Lösung.

Formale Darstellung der Division:

z(F ÷ G) = z(F) : z(G) = 6 : 3; z(q) = 2.

z(q) ist der numerische Ausdruck eines Verhältnisses oder eines Quotienten $\left(\frac{z(F)}{z(G)} = z(q)\right)$. Es ist gerade diese Möglichkeit, sinnhafte Verhältnisse zu bilden, die der Verhältnisskala ihren Namen gibt. Sinnhaft sind die Verhältnisse, weil die Menge F vollständig ist in dem Sinne, daß sie alle Einheiten umfaßt, die von einem absoluten Nullpunkt aus (definiert und) abgezählt sind. Daher sind auch die arithmetischen Operationen der Division - und damit auch der Multiplikation - gehaltvolle Operationen.

Es macht z.B. Sinn zu sagen, 8 Längeneinheiten seien das Doppelte von 4 Längeneinheiten oder 4 Längeneinheiten seien die Hälfte von 8 Längeneinheiten. Worauf es ankommt ist, daß die Basiseinheit einer Verhältnisskala als eine bestimmte Abweichung von einem absoluten Nullpunkt zu verstehen ist. Wie groß diese Abweichung ist, ist eine andere Frage, die wie bereits erwähnt, mit Hilfe internationaler Konventionen beantwortet wird. In unserem Beispiel können wir z.B. für a einen Dezimeter (a = 1 dm) setzen.

Halten wir, gewissermaßen als das Grundgesetz der Theorie des Messens bzw. der Skalentheorie fest, daß alle arithmetischen Operationen eine Entsprechung in der Realität haben müssen, d.h. mit Hilfe physischer Objekte tatsächlich ausführbaren Operationen entsprechen müssen (Repräsentationsprinzip). Will man z.B. nicht die Länge der Stäbe a und b, sondern ihr Gewicht vergleichen, dann muß, wenn a schwerer ist als b, die Gewichtsangabe für a (in welchen Einheiten auch immer ausgedrückt) numerisch größer sein als für b, weil bei Verwendung einer Balkenwaage (Hebelwaage) die Waagschale, die a enthält, nach unten sinkt.

Mit dem Begriff Skala ist untrennbar der Begriff Funktion verbunden, allgemein geschrieben: z = $\varphi(x)$. Eine solche Funktion φ ist eine "homomorphe Abbildung" des empirischen Relativs $\aleph$ im Bereich der positiven reellen Zahlen $\Re^+$, d.h. als numerisches Relativ $\Re$. Wird eine Skala graphisch dargestellt, handelt es sich um den Graph einer Funktion. Dabei gibt es verschiedene Funktionen φ_i, die denselben Zweck erfüllen, d.h. es können verschiedene Einheiten (anstelle von dm z.B. m) gewählt werden. Eine "Skala" kann daher definiert werden als die Menge aller Funktionen, die denselben Zweck erfüllen (Luce & Narens, 1990, 161).

Eine Skala bezieht sich immer auf eine bestimmte Eigenschaft von Objekten, es gibt also so viele verschiedene Skalen wie es Eigenschaften gibt.

6.3 Metrische Skalen

6.3.1 Die Verhältnisskala

Es ist üblich, die verschiedenen Skalentypen dadurch zu charakterisieren, daß man die Transformationen angibt, die bei Einhaltung des Repräsentationsprinzips bzw. Homomorphismus-Gebots ($\aleph$=$\Re$) zulässig sind. Eine Verhältnisskala ist insofern "invariant gegenüber Ähnlichkeitstransformationen". Praktisch bedeutet dies, daß man den Nullpunkt, der ein absoluter Nullpunkt ist, nicht verändern, wohl aber verschiedene Skaleneinheiten wählen kann. (Gäbe es diese Wahl nicht, handelte es sich um eine absolute Skala, z.B. um einen Zahlenstrahl, auf dem die natürlichen - ganzen - Zahlen abgetragen sind und der zur Darstellung von absoluten Häufigkeiten - d.h. Anzahlen - sowie von relativen Häufigkeiten - Anteile, Wahrscheinlichkeiten - dient; Orth, 1974, 26).

Ist die Skaleneinheit einmal festgelegt, dann sind die Meßwerte eindeutig bestimmt, d.h. sie unterscheiden sich nur durch Multiplikation mit einer positiven Konstanten (Gottinger, 1970, 137).

Im Dezimalsystem sind die verschiedenen Einheiten entweder dezimale Teile oder Vielfache von Einheiten, so daß die Umrechnung mit Hilfe von Zehnerpotenzen mit negativen oder positiven Exponenten erfolgt. Die Ähnlichkeitsfunktion lautet also allgemein z = u · z (u reell; u > o). Graphisch handelt es sich um durch den Ursprung (absoluter Nullpunkt) verlaufende Geraden (Fahrstrahlen) mit dem Winkel $\tan\alpha = u = 10^x$ (Abb. 7).

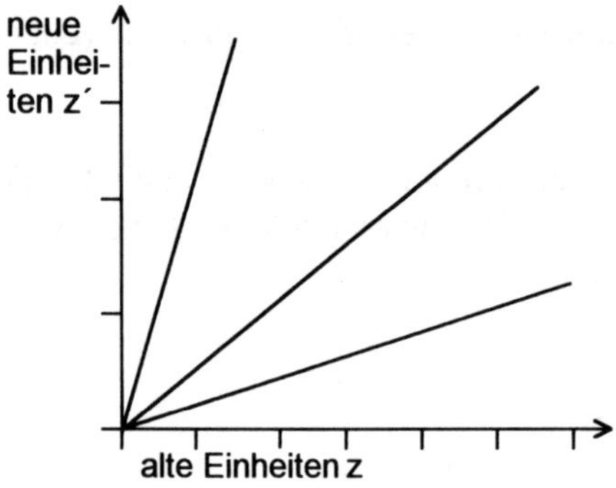

Abb.7: Ähnlichkeitstransformation einer Verhältnisskala

6.3.2 Die Intervallskala

Von einer Verhältnisskala zu einer Intervallskala ist es nur ein Schritt, allerdings ein bedeutsamer: Der Nullpunkt einer Intervallskala ist kein absoluter Nullpunkt, sondern ein relativer Nullpunkt, der zwar als Bezugspunkt für die Darstellung von Kriterienausprägungen dient, der aber nicht bedeutet, daß im relativen Nullpunkt die Ausprägung eines Kriteriums tatsächlich Null ist.

Die Festlegung des relativen Nullpunkts ist das Ergebnis einer Vereinbarung, entweder einer allgemeinverbindlichen oder einer speziellen, auf den Einzelfall bezogenen. Beispiele für Intervallskalen auf Grund allgemeinverbindlicher Konventionen sind unsere Zeitmessung im 24-Stunden-Rhythmus oder die Temperaturmessung mit Hilfe von Thermometern in Celsiusgraden (C°).

"0 Uhr" bezeichnet nicht den Beginn der Zeit und Zeitrechnung, sondern einen bestimmten Zeitpunkt im Zeitablauf, der als Bezugspunkt für das Abzählen von Zeiteinheiten (z.B. Stunden) dient. Um "0 Uhr" an einem bestimmten Tag sind in Wahrheit y Stunden seit dem Ursprung der Zeit, wann dieser auch immer war, vergangen. Ist es heute z.B. 8 Uhr (morgens), beträgt die zurückgelegte Zeitstrecke tatsächlich y + 8 Stunden, weitere 8 Stunden später ist es $y + 8 + 8 = y + 2 \cdot 8 = 16$ Uhr. Diese Uhrzeit entspricht dem Vielfachen eines Intervalls, in unserem Beispiel einer Verdoppelung des Intervalls von 8 Stunden. Eine Verdoppelung der Zeit bzw. der gesamten Zeitstrecke bedeutet dies indessen keineswegs, wie man leicht sieht:
$2\,(y + 8) = 2 \cdot y + 16 \neq 2 \cdot 8$.

Ebenso wie Zeitangaben sind auch Temperaturangaben in °C Intervallangaben. Die Celsius-Skala umfaßt 100 Einheiten (0° - 100° C), wobei 0° den Gefrierpunkt und 100° den Siedepunkt des Wassers bezeichnen. Die Einheit der Celsius-Temperatur ist das Kelvin (K), d.h. 1 K ist definiert als der 273,16. Teil des thermodynamischen Tripelpunktes des Wassers (dort sind alle drei Phasen Eis, flüssiges Wasser und Wasserdampf im Gleichgewicht). Der Nullpunkt der Celsius-Temperatur ($t = 0$) entspricht also der thermodynamischen Temperatur $T_0 = 273{,}16$ K.
Da man aufgrund internationaler Konvention in Größengleichungen stets °C durch K ersetzen darf und K durch °C dann, wenn der Größenwert einer Celsius-Temperatur anzugeben ist, (Baehr, 1974, 76), so gilt allgemein für die thermodynamische Temperatur (T) die Summenformel
$T_0 = T + t$, woraus folgt: $t = T - T_0$. Die Celsius-Temperatur ist also nicht die thermodynamische Temperatur T, sondern eine besondere thermodynamische Temperaturdifferenz. Damit ist die Celsius-Skala eine Intervallskala, deren Nullpunkt ($t = 0$) von dem absoluten Nullpunkt
($t = 273{,}16$ K bei $T = t_0 = 0$) abweicht.

Ebenso wie bei der Verhältnisskala ist es für eine Intervallskala charakteristisch, daß es mehrere Möglichkeiten gibt, die Skala in Einheiten zu unterteilen, z. B. kann man Stunden in Minuten oder Sekunden und Celsiusgrade in Grad Fahrenheit (°F) oder Grad Réaumur (°R) umrechnen. Allerdings sind wegen der Nullpunktverschiebung nunmehr nicht mehr Ähnlichkeitstransormationen (z' = u · z), sondern nur noch positiv lineare Transformationen der Art z' = u · z + v zulässig.

Zur graphischen Erläuterung kehren wir noch einmal zur Verhältnisskala zurück und legen für die Längenskala einen neuen Nullpunkt fest, d.h. wir beginnen, aus welchen Gründen auch immer, erst in einem bestimmten Abstand vom absoluten Nullpunkt an zu zählen. Dieser Abstand (v) betrage z.B. 4 dm, so daß der neue (relative) Nullpunkt (z') in Wirklichkeit bei z = 4 dm liegt (vgl. Abzisse, Abb. 7). Für eine Verhältnisskala war konstitutiv, daß wir einen Quotienten bilden konnten, in obigem Beispiel $\frac{z(F)}{z(G)} = z(q) = \frac{6}{3} = 2$, wobei die Menge F aufgrund des absoluten Nullpunktes vollständig war.

Diese Vollständigkeit ist bei Wahl eines relativen Nullpunkts und damit bei Vorliegen einer Intervallskala nicht mehr gegeben, da ja v Einheiten (hier v = 4 dm) außer Betracht bleiben. Die Ziffern z' auf einer Intervallskala sind also immer um v größer als die Ziffern auf der Verhältnisskala, es gilt also: z' = z + v. Einem Verhältnis von 6 : 3 auf unserer Verhältnisskala entspricht also, wegen v = 4, ein Verhältnis von (6 + 4) : (3 + 4) = 10 : 7 auf der Intervallskala. Wenn sich demnach Verhältnisse auf einer Intervallskala nicht sinnhaft bilden lassen, sind auch die arithmetischen Operationen der Division und Multiplikation nicht sinnhaft.

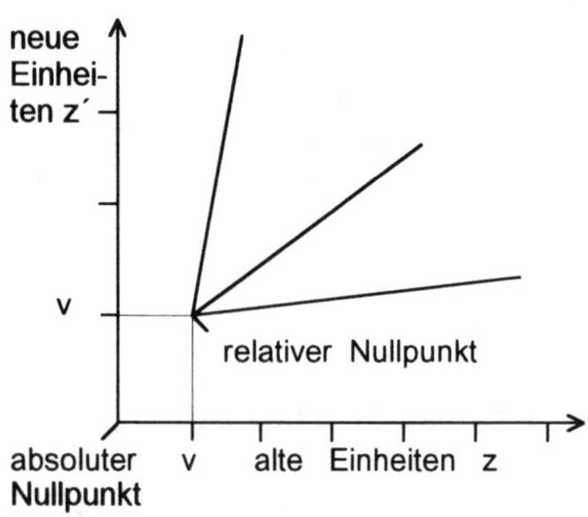

Abb. 8: Positive lineare Transformation einer Intervallskala

Was bleibt, sind die arithmetischen Operationen der Addition und Subtraktion. In dieser Beziehung besteht zwischen einer Verhältnisskala und einer Intervallskala kein Unterschied, weil die weiter oben beschriebenen Möglichkeiten, Vereinigungsmengen und Restmengen zu bestimmen, unabhängig von der Art des Nullpunktes bestehen. Auch auf einer Intervallskala bedeuten die Ziffern Anzahlen, d.h. sie sind stetig zunehmende Summen von Einheiten. Unterscheiden sich die Anzahlen, gibt die durch Subtraktion ermittelte Differenz an, um wieviele Einheiten eine Anzahl x größer oder kleiner ist als eine Anzahl y. Z.B. ist die Differenz
$x - y = 6 - 3 = 3$ auf einer Verhältnisskala und die Differenz
$x' - y' = 6 - 3 = 3$ auf einer Intervallskala jeweils die gleiche, nämlich 3 Einheiten, der Unterschied ist jedoch, daß man im Falle der Verhältnisskala sagen kann, x sei doppelt so groß wie y oder y halb so groß wie x, eine Aussage dieser Art im Falle einer Intervallskala aber nicht treffen kann, sondern sich mit der Feststellung begnügen muß, x' sei um 3 Einheiten größer als y'.

Bei der Transformation einer Intervallskala, d.h. bei der Umrechnung von einer Einheit in eine andere, muß man daher darauf achten, daß die Transformation "Differenz-erhaltend" ist. Für eine Intervallskala ist mithin charakteristisch, daß sie invariant ist gegenüber positiven linearen Transformationen der Art $z' = u \cdot z + v$ (u, v reell; $u > 0$) (Abb. 8).

Die bisher behandelten Skalen - die kurz erwähnte absolute Skala, die Verhältnisskala und die Intervallskala - sind sogenannte metrische Skalen. Metrische Skalen werden auch Kardinalskalen genannt.

6.4 Nicht metrische Skalen

6.4.1 Die Nominalskala

Nicht metrische Skalen sind die Ordinalskala und die Nominalskala. Sowohl für die metrische wie für die nicht metrischen Skalen gilt als Repräsentationsprinzip die Überführung des jeweiligen empirischen Relativs $\aleph$ in das numerische Relativ $\mathfrak{R}$.

Worin liegt nun der wesentliche Unterschied zwischen einer metrischen und einer nicht metrischen Skala? Die Antwort auf diese Frage muß zunächst im Bereich des empirischen Relativs gesucht werden. Die Relationen $R_1,...,R_n$ zwischen den Objekten beruhen ja auf den Eigenschaften (Merkmalen) von Objekten, und es kommt für die Bestimmung dieser Relationen darauf an, die Ausprägungen dieser Eigenschaften (Merkmalsausprägungen) zu kennen bzw. der Wirklichkeit entsprechend zu erfassen.

Die Frage ist, ob es Eigenschaften gibt, deren Ausprägungen anderer Art sind als die bisher behandelten, d.h. ob es Eigenschaften mit einem Ausprägungsbereich gibt, der kein Kontinuum darstellt, in das eine Menge von Objekten eingeordnet werden kann.
Diese Frage ist zu bejahen für die Gattungseigenschaft sowie für Eigenschaften, die alternative Systemzustände (einschließlich der Raum-Zeit-Koordinaten) sind. So können Objekte jeweils nur einer Gattung angehören (z.B. Objekte als natürliches oder als technisches System), nur jeweils einen Zustand aufweisen (z.B. funktionsfähig, nicht funktionsfähig) und nur jeweils einen Standort besetzen.

Die physikalische Operation, die diese Eigenschaften zum Ausdruck bringt, ist das Sortieren von Objekten in disjunkte Mengen. Gibt es z.B. zwei disjunkte Mengen (M_1, M_2) und drei Objekte (a, b, c), wobei a und c zu M_1 und b zu M_2 gehören ($a, c \in M_1$, $b \in M_2$; bzw. $a, c \notin M_2$; $b \notin M_1$), so enthält das empirische Relativ $\aleph$ zwei Relationen, d.h. eine Äquivalenzrelation (R_{11}: " $\approx$ ") und eine Antivalenzrelation (R_{12}: " $\neg\approx$ "), die in der Logik dem "ausschließenden Oder" entspricht. Jede Relation umfaßt die Menge aller Paare aus dem kartesischen Produkt $M_1 \times M_2$, die zueinander in einer bestimmten Beziehung stehen (Orth, 1974, 12).

Wie die folgende Matrix zeigt, gibt es oberhalb wie unterhalb der Diagonalen ein in (symmetrischer) Äquivalenzbeziehung stehendes Paar ($a \approx c$) und zwei in (symmetrischer) Antivalenzbeziehung stehende Paare ($a \neg\approx b$; $b \neg\approx c$).

	a	b	c
a		$\neg\approx$	$\approx$
b	$\neg\approx$		$\neg\approx$
c	$\approx$	$\neg\approx$	

Die weiter oben im Zusammenhang mit der Verhältnisskala bereits behandelten numerischen Relationen (S_1, S_2), die die empirischen Relationen (R_1, R_2) repräsentieren, lauten:

R_1: " $\approx$ ": Äquivalenzrelation, überführt in: S_1: " $=$ "
(Vergleichsrelation: "ist gleich")
R_2: " $\neg\approx$ ": Antivalenzrelation, überführt in: S_2: " $\neq$ "
(Vergleichsrelation: "ist nicht gleich").

Diese Relationen erlauben keinerlei arithmetische Operationen und noch nicht einmal eine Ordnung der Objekte, sondern lediglich eine Klassifikation, wie die folgenden Schritte zeigen:
Zunächst überführen wir das empirische Relativ
$\aleph$=[M_1 = (a,c), M_2 = (b); R_1, R_2] in das numerische Relativ
$\Re$=[z(M_1), z(M_2), S_1, S_2] und setzen z(M_1) = 1 und z(M_2) = 2. Damit haben wir eine sogenannte Nominalskala definiert.

Die Nominalskala ist keine metrische Skala, die Ziffern, hier 1 und 2, sind also keine Anzahlen, sondern Zahlzeichen als Klassenbenennungen. Eine Nominalskala dient im Sinne einer "Nominaldefinition" dazu, bestimmte Verschiedenartigkeiten von Objekten mit einem Namen zu belegen, d.h. Klassen oder Typen zu bilden und die Objekte entsprechend zu klassifizieren/typisieren. Die Ausprägung eines Merkmals/Kriteriums besteht also in der Darstellung der Klassen- oder Typenzugehörigkeit von Objekten (Beispiel: Zuordnung von Standorten zu Biotoptypen).

Auch eine Nominalskala kann man durch die Angabe zulässiger, weil skalenadäquater, d.h. die Invarianz der Relative gewährleistender Transformationen charakterisieren: zulässig ist jede eineindeutige (umkehrbar eindeutige: bijektive) Transformation. Für das obige Beispiel heißt das, daß man für die Bezeichnung der Klassen/Typen auch andere Zahlzeichen verwenden kann, vorausgesetzt, die Eindeutigkeit der Zuordnung der Zahlzeichen bleibt erhalten.

Anstelle der Zahlensymbole kann man auch beliebige andere Symbole, z.B. Buchstaben oder Logos verwenden. So zu verfahren, hilft Fehlinterpretationen vermeiden: Wer zwei Klassen/Typen z.B. den Namen "1" und "2" gibt, darf nicht vergessen, daß es für die Klassifizierung ohne Bedeutung ist, daß 2 auf 1 folgt und 2 größer ist als 1, zwischen 1 und 2 eine Differenz von 1 besteht und 2 das Doppelte von 1 und 1 die Hälfte von 2 ist. Vorbeugender wäre z.B. die Verwendung von Buchstaben z.B. A für 1 und B für 2 oder noch sicherer von grafischen Symbolen wie z.B. $\varnothing$ für 1 und $\otimes$ für 2.

Ob es sich bei einer Nominalskala überhaupt um eine Skala handelt, ist eine Streitfrage. Aus der Sicht des Repräsentationsprinzips bzw. der homomorphen Überführung eines empirischen Relativs $\aleph$ in ein numerisches Relativ $\Re$ ist die Nominalskala, zumindest bei numerischer Codierung, eine Skala. Ist man jedoch der Auffassung, daß eine Skala erst vorliegt, wenn eine Menge von Objekten in Bezug auf eine Eigenschaft mindestens in eine Ordnung gebracht werden kann (z.B. Luce & Narens, 1990), dann ist eine Nominalskala keine Skala.

6.4.2 Ordinalskala

Die Frage, ob es Eigenschaften mit einem Ausprägungsbereich gibt, der kein Kontinuum, in welches eine Menge von Objekten eingeordnet werden kann, darstellt, hat uns zunächst zur Nominalskala geführt.

Gibt es neben den (nur) klassifizierbaren Eigenschaften weitere Eigenschaften, insbesondere solche, die es erlauben, die Objekte in eine Rangordnung zu bringen, die es aber nicht zulassen, den Abstand zwischen den Rangplätzen anzugeben? Gäbe es solche Eigenschaften, könnten wir den üblichen Weg vom empirischen Relativ $\aleph$ zum numerischen Relativ $\Re$ gehen und gelangten zu einer topologischen Skala oder üblicher: Ordinalskala.

Sucht man nach Beispielen für Ordinalskalen, findet man einige wenige Hinweise, so auf

- Verfahren der Werkstoffmechanik (Härtebestimmungsverfahren für Werkstoffe: Mineralien, Metalle)
- Verfahren der Geophysik (Erfassung von Windstärken und Erdbebenstärken)
- Verfahren der physiologischen Akustik (Schallpegelmessung, musikalische Tonsysteme)
- Verfahren der physiologischen Optik (Farbenbestimmung)
- Verfahren der Psychologie (Notenvergabe/Rating)
- Axiome der Ökonomie (Nutzenindizes).

Eine Reihe von Fragen tut sich auf. Mit Blick auf das zunächst zu bestimmende empirische Relativ $\aleph$ ist zunächst nach den Eigenschaften der Objekte und den physikalischen Operationen zur Erfassung der Eigenschaften zu fragen. "Härte", "Windstärke", "Erdbebenstärke", "Schallpegel", "Farbe", "Noten", "Nutzen" - sind das alles Eigenschaften von Objekten?

"Härte" ist eine Bezeichnung für eine Eigenschaft, die man genauer mit "Widerstand eines Werkstoffes gegen elastische oder teilplastische Verformung" bezeichnen kann.
"Windstärke" ist definiert als die Geschwindigkeit eines Windes, ausgedrückt in km/h oder m/sec. Die Geschwindigkeit eines Objekts ist eine Eigenschaft.
"Erdbebenstärke" ist eine unbestimmte Bezeichnung für Eigenschaften von Bodenbewegungen: entweder meint man die Eigenschaft der Beschleunigung oder die Eigenschaft der Schwingungsweite.
"Schall" ist eine mehrdeutige Bezeichnung entweder für die Fähigkeit eines Objekts, Schallwellen auszusenden, oder für die Fähigkeit eines Objekts, Schallwellen als Medium zu verbreiten, oder die Fähigkeit eines Objekts (Lebewesen), Schallwellen aufzunehmen (zu hören). Schallempfindungen umfassen Knalle, Geräusche, Klänge oder Töne. Physiologisch bezeichnet man mit Schalldruckpegel die Ausprägung der Eigenschaft, hören zu können.
"Farbe" ist die Art, wie das von einem Objekt zurückgeworfene Licht dem Auge erscheint. Farbe ist also physiologisch die Ausprägung der Eigenschaft, sehen zu können.

"Schulnoten" sind Ausdruck eines numerischen Relativs, wobei unbestimmt ist, welches empirische Relativ repräsentiert wird. Bei einem Leistungstest können die Kandidaten z.B. nach der Anzahl der Fehler geordnet werden, um dann anschließend den gesamten Fehlerbereich in Fehlerklassen einzuteilen, welche wiederum mit Noten bezeichnet werden. Noten repräsentieren also Fehlerhäufigkeiten, aber welche Eigenschaft repräsentiert die Fehlerhäufigkeit? Eine Schulnote ist also keine Eigenschaft, sondern nur das Ergebnis der Abbildung eines numerischen Relativs in ein anderes (Orth, 1974, 41).
"Nutzenindizes" sind ebensolche Artefakte wie Schulnoten. "Nutzen" ist keine Eigenschaft, sondern ein unbestimmter und hypothetischer Begriff für ein irgendwie geartetes Bündel der Ausprägungen verschiedener Eigenschaften.

Werfen wir nun einen Blick auf die physikalischen Operationen zur Erfassung der benannten Eigenschaften.

Die Feststellung der Härte von Werkstoffen erfolgt durch Ritzen, Eindrücken oder Schleifen von Werkstoffen mit Hilfe von Prüfkörpern. Es gibt eine Reihe von verschiedenen Prüfverfahren, die dem Zusammenhang von Ritzhärte, Spaltbarkeit und Kristallgitter auf verschiedene Weise Rechnung tragen und somit auf verschiedenen Skalen beruhen. Davon ist die Mohssche Härteskala (1822) eine Ordinalskala: es werden 10 Härtestufen anhand einer Rangordnung von repräsentativen Mineralien gebildet, und zwar so, daß das zweite Mineral das erste ritzt, das dritte das zweite, das vierte das dritte usw. Definiert man die Härtegrade anders, z.B. als das Verhältnis von Prüflast und Fläche des bleibenden Eindrucks (Brinellhärte), so gelangt man zu einer Verhältnisskala. Die Eigenschaft Härte ist also keine besondere Eigenschaft in dem Sinne, daß sie nur auf einer Ordinalskala darstellbar wäre.

Windstärken werden z.B. durch Windräder erfaßt mit dem Zweck, die Windgeschwindigkeit in km/h oder m/sec angeben zu können. Mit diesen Einheiten kann eine Verhältnisskala gebildet werden. Die 17-teilige Windskala von Beaufort (1806) ist nur deshalb eine Ordinalskala, weil die obige Verhältnisskala in unzulässiger Weise transformiert wurde: anstatt einer Ähnlichkeitstransformation wird eine treppenförmige Transformation mit zunehmenden Abständen vorgenommen. Mithin ist auch die Windgeschwindigkeit keine eine Ordinalskala begründende Eigenschaft.

Die Eigenschaften Beschleunigung von Bodenbewegungen, Schwingungsweite von Bodenbewegungen, Schall- und Farbempfindung haben insofern eine Gemeinsamkeit, als es um die Erfassung von Schwingungen geht (Erdbebenwellen, Schallwellen, Lichtwellen) und die drei Komponenten Frequenz, Amplitude und Schwingungsform zu verknüpfen sind. Zur Kennzeichnung von Schwingungen in linearen Systemen bedient man sich des Verknüpfungskunstgriffs logarithmierter Verhältnisse (Baehr, 1974, 34), wie z.B. die Gleichung für den Schalldruckpegel (L) zeigt:

$$L = 10\frac{\lg I}{\lg I_a}$$

(I : Schalldruck in Hz; I_a: Bezugsschalldruck/Hörschwelle in Hz).

Wir haben es hier wiederum nicht mit einer Ordinalskala, sondern mit einer Log-Intervallskala (Orth, 1974, 27) zu tun. Eine solche Skala läßt die Verhältnisse der Intervalle zwischen den Logarithmen von Meßwerten invariant, wenn für eine Transformation Potenz-Funktionen der Art
$z = u \cdot z^r$ (u, r > 0) verwendet werden.

Auf eine eine Ordinalskala begründende Eigenschaft sind wir auch in diesem Zusammenhang nicht gestoßen, was auch schon deshalb nicht möglich war, weil wir es hier wiederum mit der Überführung eines numerischen Relativs in ein anderes numerisches Relativ zu tun hatten.

Allem Anschein nach sind Ordinalskalen nicht homomorphe Repräsentationen eines empirischen Relativs. Vielmehr handelt es sich - wie die Beispiele zeigen - um vereinfachende Repräsentationen numerischer Relative, wobei die numerischen Relative selbst auf vereinfachenden Annahmen bis hin zu reinen Hypothesen beruhen. Ordinalskalen sind insbesondere in der Psychologie beheimatet, wo man sich um die Skalierung von (Reaktionen auf) Stimuli bemüht (Torgerson, 1968).

6.5 Systematik der Skalentypen

Abschließend und zusammenfassend soll eine Systematik der vier Skalentypen Verhältnisskala, Intervallskala, Ordinalskala und Nominalskala versucht werden. Dabei bleiben wir jetzt im Bereich des numerischen Relativs.

Betrachten wir zwei Objekte in Bezug auf ein bestimmtes Kriterium (K_j) mit den Ausprägungen e_{j1} und e_{j2}. Es sind folgende Beziehungen möglich:

(1a) Gleichheit : $e_{j1} = e_{j2}$
(1b) Ungleichheit : $e_{j1} \neq e_{j2}$
(2a) Größer - kleiner : $e_{j1} > e_{j2}$
(2b) Kleiner - größer : $e_{j1} < e_{j2}$
(3) Differenz : $e_{j1} - e_{j2} = d, d \geq \leq 0$
(4) Verhältnis (relativ) : $e_{j1}/e_{j2} = r, 0 \leq r \leq \infty$.

Die Beziehungen (1a) und (1b) sowie (2a) und (2b) sind dichotomer Art, so daß sie als jeweils eine Beziehung gelten können. Die - nunmehr vier - Beziehungen bilden eine lexikographische Ordnung, die sich in der Anordnung der binären Codierung 1 - 0 (1: eingeschlossen,
0: ausgeschlossen) in der folgenden Matrix (Übersicht 3) äußert:

Beziehung Kombination	(4)	(3)	(2)	(1)
4.Klasse	1	1	1	1
3.Klasse	0	1	1	1
2.Klasse	0	1	1	1
1.Klasse	0	0	0	1

Übersicht 3: Relationen zwischen zwei Ausprägungen eines Kriteriums nach der Klasse der Kombination

Dabei ist die Reihenfolge in absteigender Ziffernfolge festgelegt: (4), (3), (2), (1). Es gibt daher nur vier mögliche Kombinationen (sogenannte Kombinationen ohne Wiederholung, wobei jeder Kombination je nach der

Anzahl der Bedingungen eine sogenannte Klasse entspricht:
Die erste Zeile ist eine Kombination der 4. Klasse,
die zweite Zeile ist eine Kombination der 3. Klasse,
die dritte Zeile ist eine Kombination der 2. Klasse,
und die vierte Zeile ist eine Kombination der 1. Klasse (d.h. streng genommen gar keine Kombination).

Jeder der vier Kombinationen entspricht ein Skalentyp, von der höheren zur niedrigeren Klasse: Verhältnisskala, Intervallskala, Ordinalskala, Nominalskala. Dabei sind folgende wesentlichen Unterschiede hervorzuheben: Zeilenweise gelesen, zeigt die Übersicht, daß nur die Verhältnisskala alle vier Beziehungen einschließt, sie also die umfassendste Skala ist, während die Nominalskala, die nur die Beziehung (a) einschließt, die am wenigsten umfassende Skala ist. Spaltenweise gelesen, zeigt die Übersicht, daß die Beziehung (1) von allen vier Skalen, die Beziehung (4) jedoch nur von der Verhältnisskala eingeschlossen wird.

Praktisch bedeutet dies, daß man eine umfassende Skala zwar beschränken, nicht aber umgekehrt eine beschränkte Skala erℓweitern kann. Bildlich gesprochen: Von der obersten Zeile kann man zu unteren Zeilen gelangen (durch Beschränkung der Beziehungen), nicht jedoch von unteren Zeilen zu oberen.

Eine weitverbreitete Denkfalle beruht auf der Verwechslung von Bewegungen innerhalb einer Zeile mit Bewegungen zwischen Zeilen. Beispielsweise kann man sich in der obersten Zeile (Verhältnisskala) grundsätzlich sowohl von links nach rechts als auch wieder zurück von rechts nach links bewegen. Die Frage ist jedoch, ob eine Verhältnisskala überhaupt vorliegt.
Ist dies nicht der Fall, befindet man sich entweder in der zweiten Zeile (Intervallskala) oder in der dritten Zeile (Ordinalskala) oder in der vierten Zeile (Nominalskala). Der Weg nach unten in Richtung Nominalskala steht immer offen, nicht jedoch der Weg noch oben in eine höhere Zeile bzw. Skala.

Kapitel 3 Der Entscheidungsvorgang als planvolles Verfahren der Sondierung und Abwägung von Vorteilen und Nachteilen - dargestellt an einem Beispiel

7. Problem und Datentabelle

Nach der Behandlung der ersten von zwei Arbeitsetappen (Vorbereitung der Entscheidung in Form der Datenbereitstellung), wenden wir uns nun der zweiten Arbeitsetappe zu, d.h. dem Entscheidungsvorgang als planvolles Verfahren der Sondierung und Abwägung von Vorteilen und Nachteilen. Der Gang der Überlegungen sei dabei anhand eines der Praxis entnommenen, aber vereinfachten Beipiels illustriert.
Das Problem bestehe darin, für eine bestimmte Müllverbrennungsanlage einen von vier Standorten auszuwählen. Die Optionen (Standorte), die nach mehreren Qualifikationsrunden[1] in die engste Wahl gelangt sind, seien bezeichnet als: S_1 S_2, S_3, S_4.

Die Endauswahl erfolge anhand von 5 Kriterien:
K_1 : Standortaufbereitungskosten (SAK); Kriterienausprägung in Mio DM
K_2 : Zusätzlicher Verkehr in Ortsdurchfahrten (ZVOD);
Kriterienausprägung in Anzahl der Kfz/24 Std

---

1 Man denke z.B. an eine dreistufige Qualifikation:
Erste Stufe: Ausgeschieden werden Optionen, die gegen unbedingte Vorgaben der Regional-und Landesplanung verstoßen (z.B. Standorte in rechtlich festgelegten Gebieten wie Siedlungsgebiete, Wasserschutzgebiete, Naturschutzgebiete, Richtfunkstrecken/Flugsicherungsgebiete, Bannwald/Schonwald, Überschwemmungsgebiete). Zurückgestellt werden Optionen, die gegen bedingte Vorgaben der Regional-und Landesplanung verstoßen (z.B. Grünzäsuren, Landschaftsschutzgebiete, Verkehrsanbindung an leistungsfähige Straßen, geplante Trassenführungen, Vorrangbereich Landwirtschaft, Regionaler Grünzug, Wälder mit Schutz- und Erholungsfunktion, Wald im Verdichtungsraum, schwerwiegende Beeinträchtigung des Landschaftsbilds.
Zweite Stufe: Ausgeschieden werden Optionen, die gegen unbedingte Projekt-bezogene Vorgaben verstoßen (z.B. Mindestfläche, geeignete Topographie, geeigneter Untergrund).
Dritte Stufe: Ausgeschieden werden Optionen, die zu einem Verstoß gegen gesetzliche Belastungsgrenzen für die Umwelt (z.B. Stoffracht gemäß TA Luft, Schallimmissionen gemäß TA Lärm, Rote Listen für Arten und Ökosysteme) führen - vorausgesetzt der Nachweis gelingt.

K_3: Beeinträchtigung des Orts-und Landschaftsbildes (BOLB); Kriterienausprägung in Rangangaben (A, B, C, D)

K_4: Stickoxidbelastung (NOxB); Kriterienausprägung in Mikrogramm/cbm

K_5: Beeinträchtigung des Grundwassers (BGW); Kriterienausprägung in Rangangaben (I, II, III, IV).

Die Datentabelle habe folgendes Aussehen:

Kriterien	Optionen / Standorte			
	S_1	S_2	S_3	S_4
K_1 SAK (Mio DM)	20	12	10	15
K_2 ZVOD (Kfz/24 h)	500	1 000	2 000	3 000
K_3 BOLB (Rangordnung)	A	C	B	D
K_4 NOxB (µg/cbm)	1,2	0,6	0,2	1,0
K_5 BGW (Rangordnung)	II	III	I	IV

Tabelle 10: Datentabelle

8. Ordnungen der Optionen

8.1 Funktion der Kriterien

Die Kriterien haben je nach Standort verschiedene Ausprägungen. Durch diese Ausprägungen - wie auch immer ausgedrückt - werden die Optionen (hier Standorte) in eine Ordnung (Reihenfolge) gebracht. Wichtig ist, daß man sich vorher klarmacht, ob man die Ausprägungen minimieren oder maximieren möchte. In unserem Falle sind ausnahmslos möglichst geringe Ausprägungen erwünscht. Bei Kriterium K_1 ist der Standort S_3 der vergleichsweise beste, dann folgen S_2, S_4, S_1. Man kann auch sagen, das Kriterium K_1 stifte die Ordnung S_3, S_2,S_4, S_1.

Das Kriterium K_2 stiftet eine andere Ordnung, nämlich S_1, S_2, S_3, S_4, die übrigen Kriterien stiften ebenfalls bestimmte Ordnungen.

8.2 Ordnungstabelle

Bei 5 Kriterien werden durch die jeweiligen Kriterienausprägungen 5 Ordnungen der Optionen gestiftet (Tabelle 11):

Kriterien	Ordnungen			
K_1	S_3	S_2	S_4	S_1
K_2	S_1	S_2	S_3	S_4
K_3	S_1	S_3	S_2	S_4
K_4	S_3	S_2	S_4	S_1
K_5	S_3	S_1	S_2	S_4

Tabelle 11 : Ordnungstabelle

9. Test der vollkommenen Überlegenheit bzw. Unterlegenheit

Gäbe es eine Option, die aus der Sicht jedes einzelnen Kriteriums allen anderen Optionen überlegen wäre (die jeweils beste Ausprägung aufwiese), läge ein Entscheidungsproblem überhaupt nicht vor: diese (vollkommen überlegene) Option wäre unwiderlegbar die beste, und alle weiteren Schritte erübrigten sich.
Aus Tabelle 11 ist sofort ersichtlich, daß es eine solche Option in unserem Falle nicht gibt. In der ersten Spalte erscheinen sowohl S_3 als auch S_1, S_3 oder S_1 müßten dort fünfmal erscheinen, um eine vollkommen überlegene Option zu sein.
Blicken wir auf die letzte Spalte der Tabelle 11, stellen wir fest, daß es in unserem Falle auch eine vollkommen unterlegene Option nicht gibt. Um vollkommen unterlegen zu sein, müßte in der vierten Spalte ausnahmlos eine Option (hier S_1 oder S_4) erscheinen. In einem solchen Fall könnte man das weitere Vorgehen immerhin vereinfachen, indem man diese Option ausscheidet.

10. Test der teilweisen Überlegenheit bzw. Unterlegenheit

10.1 Die Abstimmungsmatrix

Es kann auch eine teilweise Überlegenheit bzw. Unterlegenheit von Optionen geben. Im Gegensatz zu der vollkommenen Überlegenheit bzw. Unterlegenheit, die man anhand der Tabelle 11 sofort erkennt - und die insofern offen zu Tage tritt - handelt es sich bei der teilweisen Überlegenheit bzw. Unterlegenheit um eine zunächst verdeckte Beziehung, die man daher erst aufdecken und sichtbar machen muß.

Wir erstellen hierfür zwei Tabellen (Tab.12 u. 13). Die Tabelle 12, Abstimmungsmatrix genannt, enthält die Ergebnisse der paarweisen Vergleiche der Optionen. Für n Optionen sind z = n(n-1)/2 paarweise Vergleiche notwendig, bei n = 4 gibt es also 6 paarweise Vergleiche, d.h. es lassen sich die Optionenpaare P_1/P_2, P_1/P_3, P_1/P_4, P_2/P_3, P_2/P_4, P_3/P_4 bilden. Da es k = 5 Kriterien und mithin 5 Ordnungen gibt, beträgt die Gesamtzahl der paarweisen Vergleiche $v = k \cdot z$, in unserem Fall also 30. Bei jedem Vergleich wird anhand der Ordnungen in Tabelle 11 ausgezählt, wie oft eine Option vor oder hinter der anderen steht.

	S_1	S_2	S_3	S_4
S_1	*	3	2	3
S_2	2	*	1	5
S_3	3	4	*	5
S_4	2	0	0	*

Tabelle 12: Abstimmungsmatrix

Tabelle 12 zeigt z.B., daß S_1 dreimal vor und zweimal hinter S_2 steht, oder anders gesagt, S_1 "schlägt" S_2 dreimal und S_2 "schlägt" S_1 zweimal.

Was hat dieses Ergebnis mit "Abstimmung" zu tun? Der Begriff Abstimmungsmatrix stammt, wie wir bereits wissen (Kap. 1, 2.2 u. 2.3) aus der kollektiven Entscheidungstheorie, in der das Problem darin besteht, in einer Gruppe mit k Mitgliedern (Wählern) aus einer Anzahl von n Kandidaten den besten Kandidaten für ein bestimmtes Amt auszuwählen. Gäbe es, wie in unserem Beispiel 4 Kandidaten (unsere Standorte sind auch

"Kandidaten") und 5 Mitglieder und hätten die Mitglieder dieselben Ordnungen ("Präferenzordnungen") im Sinn, so wäre bei paarweiser Abstimmung (z.B. durch Handheben) das (Abzähl-) Ergebnis dasselbe: von den 5 Stimmen fallen 3 Stimmen auf den Kandidaten 1 und 2 Stimmen auf den Kandidaten 2.
Da zwischen dem Problem der Gruppenentscheidung und dem Problem der multikriteriellen Entscheidung eine "Isomorphie" besteht - die Optionen entsprechen den Kandidaten und die Kriterien den Wählern - behalten wir den Begriff Abstimmungsmatrix bei.

Betrachten wir die Abstimmungsmatrix genauer, entdecken wir zwei Fälle teilweiser Überlegenheit bzw. Unterlegenheit: S_2 schlägt S_4 fünfmal, d.h. mit der Maximalzahl der "Stimmen", ebenso ist es bei S_3/S_4. S_2 und S_3 sind also in Bezug auf S_4 vollkommen überlegen; die Kehrseite der Medaille ist, daß S_4 in Bezug auf S_2 und S_3 vollkommen unterlegen ist.

Bedeutet dies, daß wir S_4 ausscheiden können? Nein, denn es sind ja noch nicht alle Beziehungen zwischen den Optionen geklärt, insbesondere ist die Position von S_1 noch offen. Wir müssen also weitere Schritte der Problemklärung und Entscheidungsvorbereitung unternehmen. Dazu benötigen wir die Vorteile-Nachteile-Tabelle (Tabelle 13).

10.2 Die Vorteile-Nachteile-Tabelle

Die Vorteile-Nachteile-Tabelle enthält in der Kopfzeile die z Optionenpaare und in der Kopfspalte die k Kriterien. Für jedes Optionenpaar werden die Ausprägungen je Kriterium verglichen; das Symbol $_{i/j}V_k$ (k = 1, ... ,m) bezeichnet für die erstgenannte Option einen Vorteil, und das Symbol $_{i/j}N_k$ bezeichnet für die erstgenannte Option einen Nachteil. Beispielsweise bedeutet $_{1/2}N_1$ daß das Optionenpaar S_1/S_2 in Bezug auf das Kriterium K_1 verglichen wird und die Option S_1 dabei einen Nachteil aufweist. In Bezug auf das Kriterium K_2 weist die Option S_1 im Vergleich mit S_2 hingegen einen Vorteil auf ($_{1/2}V_2$).

	S_1/S_2	S_1/S_3	S_1/S_4	S_2/S_3	S_2/S_4	S_3/S_4
K_1	1/2N1	1/3N1	1/4N1	2/3N1	2/4V1	3/4V1
K_2	1/2V2	1/3V2	1/4V2	2/3V2	2/4V2	3/4V2
K_3	1/2V3	1/3V3	1/4V3	2/3N3	2/4V3	3/4V3
K_4	1/2N4	1/3N4	1/4N4	2/3N4	2/4V4	3/4V4
K_5	1/2V5	1/3N5	1/4V5	2/3N5	2/4V5	3/4V5
S(V)	3	2	3	1	5	5
S(N)	2	3	2	4	0	0

Tabelle 13: Vorteile-Nachteile-Tabelle (Beispiel 2)

Die Verbindung zur Abstimmungsmatrix (Tabelle 12) wird durch die beiden Summenzeilen hergestellt. Diese zeigen für jedes Optionenpaar die Anzahl der Vorteile (S(V)) und die Anzahl der Nachteile (S(N)). Für das erste Optionenpaar (S_1/S_2) sind beispielsweise 3 Vorteile und 2 Nachteile ausgewiesen. In der Abstimmungsmatrix (Tabelle 12) entsprechen die 3 Vorteile den 3 Stimmen bei dem Vergleich S_1/S_2 und den 2 Nachteilen die 2 Stimmen bei dem Vergleich S_2/S_1.

Im Gegensatz zur Abstimmungsmatrix zeigt uns die Vorteile-Nachteile-Tabelle, welche Kriterienausprägungen dieses Ergebnis bewirkt haben. Die Ausprägung des Kriteriums K_1 ist - wie ein Blick in die Datentabelle (Tabelle 10) bestätigt - ist für die Option S_2 besser als für die Option S_1, sodaß S_1 gegenüber S_2 einen Nachteil aufweist. Dagegen ist S_1 in Bezug auf das Kriterium K_2 gegenüber S_2 im Vorteil. Desweiteren ist S_1 in Bezug auf die Kriterien K_3 und K_5 gegenüber S_2 im Vorteil und in Bezug auf das Kriterium K_4 im Nachteil.

Die Vorteile-Nachteile-Tabelle bestätigt zunächst, was wir aufgrund der Abstimmungsmatrix (Tabelle 12) bereits wissen, nämlich daß die Optionen S_2 und S_3 teilweise überlegen sind (d.h. gegenüber S_4) und die Option S_4 mithin teilweise unterlegen ist. Wir sehen nun genauer, warum das so ist: sowohl die Option S_2 als auch die Option S_3 weisen gegenüber der Option S_4 nur Vorteile auf, deshalb hat S_4 gegen S_2 und S_3 jeweils ohne Gegenstimme verloren.

Halten wir fest: welches auch die endgültige Ordnung der Optionen sein wird, entschieden ist bislang immerhin (aufgrund der Datentabelle), daß in dieser Ordnung S_2 und S_3 vor S_4 rangieren werden. Die beiden letzten Spalten der Vorteile-Nachteile-Tabelle brauchen wir im folgenden nicht weiter zu betrachten, die Vorteile-Nachteile-Tabelle verkürzt sich somit auf 4 Spalten.

11. Der Möglichkeitsbereich der Ordnungen

Wieviel Möglichkeiten der Ordnung unserer 4 Optionen gibt es eigentlich, und wieviele entfallen davon, weil sie nicht die Teilordnungen S_2,S_4 und S_3,S_4 erfüllen?
Die Anzahl der möglichen Ordnungen (p) erhält man durch Permutation. Bei 4 Optionen (n = 4), gibt es p = n! , also 1x2x3x4 = 24 Ordnungen. Schreiben wir diese Ordnungen - vereinfacht als Folgen der Ziffern 1, 2, 3, 4 ausgedrückt, zur Veranschaulichung auf. Es ergeben sich 4 Sechsergruppen:

1,2,3,4	2,1,3,4	3,1,2,4	4,1 2 3
1,2,4,3	2,1,4,3	3,1,4,2	4,1,3,2
1,3,2,4	2,3,1,4	3,2,1,4	4,2,1,3
1,3,4,2	2,3,4,1	3,2,4,1	4,2,3,1
1,4,2,3	2,4,1,3	3,4,1,2	4,3,1,2
1,4,3,2	2,4,3,1	3,4,2,1	4,3,2,1

Von diesen 24 möglichen Ordnungen entfallen aufgrund der festgestellten teilweisen Überlegenheit bzw. Unterlegenheit bereits 16 Ordnungen. Die verbleibenden 8 Ordnungen lauten:

1,2,3,4	2,1,3,4	3,1,2,4	-
-	-	-	-
1,3,2,4	2,3,1,4	3,2,1,4	-
-	2,3,4,1	3,2,4,1	-
-	-	-	-
-	-	-	-

Gewinnen (an erster Stelle stehen) können noch die Optionen S_1, S_2 und S_3, nur S_4 kann nicht mehr gewinnen. Allerdings ist auch noch nicht klar, daß S_4 die letzte Stelle einnehmen wird, diese Entscheidung fällt zwischen S_1 und S_4.

12. Sondieren und Abwägen

12.1 Das Abwägungsproblem

Von den verbliebenen 8 Ordnungen sind 7 Ordnungen auszuscheiden, um zur endgültigen Ordnung und Entscheidung zu gelangen. Dies muß jetzt durch Abwägung geschehen, da alle Möglichkeiten der Vereinfachung des multikriteriellen Entscheidungsproblems vorerst ausgeschöpft scheinen.

Auf der Grundlage der Vorteile-Nachteile-Tabelle (Tabelle 13) kann das multikriterielle Entscheidungsproblem als ein mehrteiliges Abwägungsproblem beschrieben werden. In unserem Beispiel gibt es entsprechend der Anzahl der Optionenpaare (Alternativen) noch 4 Abwägungsprobleme (A_1, ... , A_4), die formal wie folgt beschrieben werden:

$A_1(S_1/S_2)$:	$_{1/2}V_2 \circ {}_{1/2}V_3 \circ {}_{1/2}V_5$	)(	$_{1/2}N_1 \circ {}_{1/2}N_4$?
$A_2(S_1/S_3)$:	$_{1/3}V_2 \circ {}_{1/3}V_3$	)(	$_{1/3}N_1 \circ {}_{1/3}N_4 \circ {}_{1/3}N_5$?
$A_3(S_1/S_4)$:	$_{1/4}V_2 \circ {}_{1/4}V_3 \circ {}_{1/4}V_5$	)(	$_{1/4}N_1 \circ {}_{1/4}N_4$?
$A_4(S_2/S_3)$:	$_{2/3}V_2$	)(	$_{2/3}N_1 \circ {}_{2/3}N_3 \circ {}_{2/3}N_4 \circ {}_{2/3}N_5$?

Allen (4) Abwägungsproblemen gemeinsam ist die Frage, ob die Vorteile die Nachteile überwiegen oder nicht. Diese Frage wird durch das ")(" -Zeichen symbolisiert (dominiert/gewinnt oder wird dominiert/verliert) und nicht etwa durch das " $\geq$ $\leq$" -Zeichen (größer, gleich, kleiner), weil es nichts zu verrechnen und addieren gibt. Die Schwierigkeit besteht offenkundig darin, daß es auf der einen Seite mehrere verschiedenartige Vorteile und auf der anderen Seite mehrere verschiedenartige Nachteile gibt. Sowohl die Vorteile als auch die Nachteile sind komplementär, d.h. sie bilden als Gesamtheit ein heterogenes Ensemble oder einen "Verband", und sie sind daher durch das Verknüpfungssymbol "$\circ$" untrennbar miteinander verbunden. Die Antworten können nur "Ja" oder "Nein" lauten.[2]

Nehmen wir zum Beispiel das Abwägungsproblem A_4. Hier stehen einem Vorteil vier Nachteile gegenüber. Nehmen wir die Datentabelle (Tabelle 10) zu Hilfe, sehen wir, daß der Vorteil bei Kriterium K_2 darin besteht, daß S_2 nur die Hälfte des zusätzlichen Verkehrs in Ortsdurchfahrten von S_3 zu verzeichnen hat. Die Frage ist nun, ob der bei S_2 eingesparte Zusatzverkehr für den Entscheidenden einen so großen Vorteil darstellt, daß er dafür bereit ist, die Nachteile in Kauf zu nehmen, also: 2 Mio DM mehr Standortaufbereitungskosten *und* eine um eine Klasse höhere Beeinträchtigung des Orts-und Landschaftsbildes *und* eine um 4µg/cbm höhere NOx-Belastung *und* eine um zwei Schadensklassen höhere Grundwasserbelastung. Ist seiner Meinung nach der genannte Vorteil trotz aller Nachteile dominant, so lautet seine Antwort "Ja", ist er es nicht, d.h. ist der Verband der genannten Nachteile dominant, so lautet seine Antwort "Nein".

Jede der beiden Antworten ist gleichbedeutend mit einer Entscheidung: "Ja" bedeutet, daß S_2 vor S_3 rangiert, "Nein" bedeutet, daß umgekehrt S_3 vor S_2 rangiert. Abwägen und Entscheiden sind also keine getrennten Vorgänge, sondern das Abwägungsergebnis ist die Entscheidung.

Dabei ist keineswegs vergessen worden, die unterschiedliche Bedeutung der Kriterien zu berücksichtigen, im Gegenteil, für den kognitiven Vorgang der Abwägung ist dies sehr wichtig. Wenn in unserem Beispiel die Antwort "Ja" lautete, dann doch wohl nur deshalb, weil dem Kriterium K_2 eine sehr große Bedeutung beigemessen wird, und dies nicht nur generell, sondern in genauer Kenntnis aller Kriterienausprägungen und ihrer Konstellation als Vorteile- und Nachteileverband. Dies gilt auch in

---

[2] Es mag hilfreich sein, sich zwei Optionen als zwei mit ganz verschiedenen Gütern bestückte Geschenkkörbe vorzustellen, von welchen man sich für einen entscheiden muß. Einer bestimmten Konfiguration von Wünschen ("mosaic of wants", Georgescu-Roegen, 1954,197) steht eine Menge von Gütern gegenüber, die einige der Wünsche mehr und andere Wünsche weniger zu erfüllen vermag, d.h. es gibt Zielkonflikte und damit per Vergleich feststellbare Vorteile und Nachteile.
Entscheidet man aufgrund der Preise der Geschenkkörbe, müßte man dieses Problem für sich schon gelöst haben (Bestimmung des sog. Grenznutzens), oder man richtet sich nur nach seinen verfügbaren Mitteln (Budgetrestriktion).

allen anderen Abwägungsfällen, die unterschiedliche Bedeutung der Kriterien wird im konkreten Abwägungsfall uno actu bestimmt. Mehr noch: sie wird auch offengelegt, und zwar dann, wenn der Entscheidende gebeten wird - was die Regel sein sollte - seine Entscheidung zu begründen.

12.2 Auswahl eines ersten Abwägungsproblems (erste Sondierung) und Abwägung

Es ist nicht notwendig, alle Abwägungsprobleme des mehrteiligen Abwägungsproblems auf einmal zu lösen, sondern man kann schrittweis vorgehen und mit einem vergleichsweise leichten Abwägungsproblem beginnen. In unserem Beispiel liegt es nahe, aus den verbliebenen 4 Abwägungsproblemen (A_1, A_2, A_3, A_4) zunächst das Abwägungsproblem A_4 auszuwählen, da dort ein Vorteil vier Nachteilen gegenübersteht und der Abwägende in einer Extremsituation wie dieser sich ganz auf eine Seite - hier die Nachteileseite - konzentrieren kann.

Die Frage, die er zu beantworten hat, ist, ob der Vorteil groß genug ist, um sich gegen den Verband der 4 Nachteile zu behaupten. Aus der Datentabelle (Tabelle 10) wissen wir, daß der Vorteil von S_2 gegenüber S_3 in der Ersparnis von 1 000 Kfz/24 h in Ortsdurchfahrten besteht, aber reicht dies aus, um die Nachteile von 2 000 DM Mehrkosten für die Standortaufbereitung *und* eine um eine Klasse stärkere Beeinträchtigung des Orts-und Landschaftsbildes *und* eine um 0,4 Mikrogramm NOx-Belastung *und* eine um zwei Schadensklassen höhere Grundwasserbelastung in Kauf zu nehmen? Möglicherweise wird der Abwägende an einer Stelle der Kette zu der Ansicht gelangen, daß der Vorteil doch nicht groß genug sei und mit "Nein" antworten. Zu der Anwort "Ja" kann er nur gelangen, wenn er dem Kriterium K_2 einen besonders hohen Stellenwert einräumt, was ihm bei der Abwägung vielleicht erst selbst bewußt wird und was er Dritten gegenüber auch als Begründung angeben könnte.

In jedem Falle, ob "Ja" oder "Nein", wird durch die erste Abwägungsentscheidung der Möglichkeitsbereich der Ordnungen weiter beschränkt, d.h. von den oben verbliebenen 8 Ordnungen, entfallen jeweils 4 Ordnungen, entweder jene, in denen S_3 vor S_2 steht (im Falle von "Nein") oder jene, in denen S_2 vor S_3 steht (im Falle von "Ja"), siehe hierzu die Kopfspalte von Tabelle 14.

12.3 Auswahl eines zweiten Abwägungsproblems (zweite Sondierung) und Abwägung

Um die verbliebenen 4 Ordnungen weiter zu reduzieren, müssen wir uns einem weiteren Abwägungsproblem stellen. In zwei Fällen haben wir es mit 3 Vorteilen und 2 Nachteilen zu tun (A_1, A_3) und im Fall A_2 mit 2 Vorteilen und 3 Nachteilen. Um die Auswahl zu erleichtern, suchen wir zunächst eine taktische Hilfestellung, indem wir danach fragen, ob es ein Abwägungsproblem gibt, das uns schneller an das Ziel - nur eine Ordnung bleibt übrig - bringt. Tabelle 14 zeigt die möglichen Konsequenzen in Abhängigkeit von der bereits getroffenen Abwägungsentscheidung A_4.

		$A_1(S_1/S_2)$		$A_2(S_1/S_3)$		$A_3(S_1/S_4)$	
$A_4(S_2/S_3)$		Ja	Nein	Ja	Nein	Ja	Nein
Ja	1,2,3,4	1,2,3,4	-	1,2,3,4	-	1,2,3,4	-
	2,1,3,4	-	2,1,3,4	2,1,3,4	-	2,1,3,4	-
	2,3,1,4	-	2,3,1,4	-	2,3,1,4	2,3,1,4	-
	2,3,4,1	-	2,3,4,1	-	2,3,4,1	-	2,3,4,1
Nein	1,3,2,4	1,3,2,4	-	1,3,2,4	-	1,3,2,4	-
	3,1,2,4	3,1,2,4	-	-	3,1,2,4	3,1,2,4	-
	3,2,1,4	-	3,2,1,4	-	3,2,1,4	3,2,1,4	-
	3,2,4,1	-	3,2,4,1	-	3,2,4,1	-	3,2,4,1

Tabelle 14: Möglichkeitsbereich der Ordnungen in Abhängigkeit von dem ersten Abwägungsproblem (A_1)

Wir sehen, daß es ($n^k = 2^4 =$)16 Möglichkeiten der Kombination der 4 Abwägungsprobleme gibt[3], wovon 4 Möglichkeiten bereits im zweiten Schritt zum Ziel führen. Beispielsweise führt die Kombination A_4:Ja/A_1:Ja zu der einzigen Ordnung 1,2,3,4. Begnügt man sich damit zu wissen, welche Option an erster Stelle steht, führen 4 weitere Möglichkeiten ebenfalls zum Ziel. Z.B. steht bei den Kombinationen A_4:Ja/A_1:Nein und

3 Siehe hierzu die Formel (1), Kapitel 4, 14.

A_4:Ja/A_2:Nein immer S_2 an erster Stelle. Die zweite Abwägungsentscheidung könnte also bereits die letzte sein.

Wir haben jetzt die gesuchte Hilfestellung für die Auswahl des zweiten Abwägungsproblems: haben wir zuvor A_4:Ja entschieden, wählen wir jetzt das Abwägungsproblem $A_1(S_1 /S_2)$; haben wir zuvor A_4:Nein entschieden, wählen wir jetzt das Abwägungsproblem $A_2(S_1/S_3)$. Lautet die Abwägungsentscheidung jeweils Ja, dann haben wir im ersten Fall die Ordnung 1,2,3,4 und im zweiten Fall die Ordnung 1,3,2,4 bestimmt. Lautet die Antwort jeweils Nein, so wissen wir bereits, daß S_2 (erster Fall) bzw. S_3 (zweiter Fall) an erster Stelle steht. Den weiteren Abwägungsproblemen $A_2(S_1/S_3)$ und $A_3(S_1/S_4)$ kommt dann nur noch die Aufgabe zu, die gesamte Ordnung zu bestimmen, wobei der nächste Schritt wiederum der letzte sein kann und mehr als zwei weitere Schritte in keinem Fall notwendig sind.

12.4 Wege zur finalen Entscheidung und Rangordnung der Optionen

Die Übersicht 4 gibt einen Überblick über den möglichen Gang der Überlegungen.
Im ungünstigsten Fall sind vier Schritte notwendig. Betrachten wir z. B. den Weg A_4: Ja - A_1:Nein - A_2:Nein - A_3: Ja/Nein. Die Entscheidungen A_4:Ja und A_1:Nein bedeuten, daß formal noch drei Rangordnungen, nämlich die Rangordnung 2,1,3,4, die Rangordnung 2,3,1,4 und die Rangordnung 2,3,4,1 übrig bleiben. Klar ist bereits, daß die Option S_2 an erster Stelle steht. Damit ist die überlegene Option bestimmt, nicht aber die gesamte Rangordnung. Wählen wir im nächsten Schritt das Abwägungsproblem A_2 und entscheiden "Nein", dann verbleiben noch zwei Rangordnungen (2,3,1,4 und 2,3,4,1). Nun ist aber der nächste Schritt der letzte: das verbleibende Abwägungsproblem ist A_3. Lautet die Entscheidung "Nein", ist die finale Rangordnung 2,3,4,1, lautet sie "Ja", gibt es zwar formal noch drei Rangordnungen, davon sind jedoch zwei Rangordnungen bereits ausgeschieden: im ersten Schritt wurde - implizit durch die Ablehnung von A_1:Ja - die Rangordnung 1,2,3,4 - ,und im dritten Schritt wurde - implizit durch die Ablehnung von A_2:Ja - die

Rangordnung 2,1,3,4 ausgeschieden. Es verbleibt dann nur noch die Rangordnung 2,3,1,4 als finale Rangordnung.

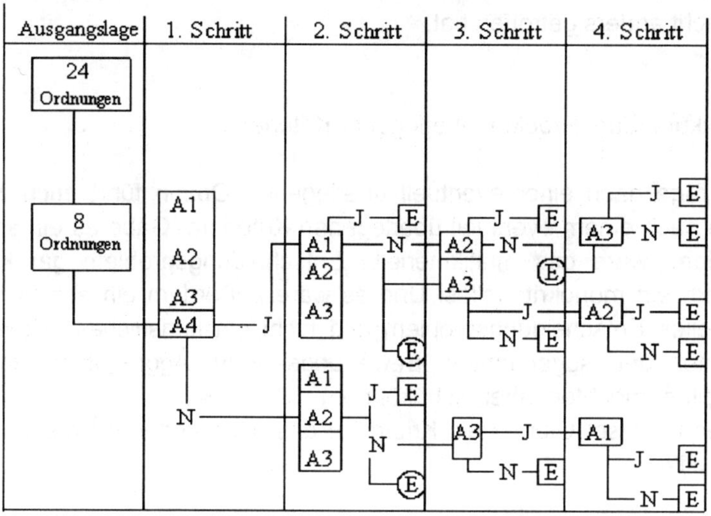

A1, A2, A3, A4: Abwägungsprobleme
J: Ja, N: Nein

[E] : Finale Entscheidung: eine einzige Rangordnung ist bestimmt

(E) : Vorentscheidung: die dominante Option ist bestimmt, nicht aber die gesamte (finale) Rangordnung

Übersicht 4: Wege zur finalen Entscheidung

Das Beispiel zeigt, daß man zwar frühzeitig wissen kann, welche Optionen favorisiert sind und welche nicht, daß man aber im ungünstigsten Fall doch alle Entscheidungsschritte in Form der expliziten Abwägung von Vorteilen und Nachteilen hinter sich bringen muß, um seiner Entscheidung sicher zu sein. Allerdings kann man die Entscheidung schrittweise treffen, was bemerkenswerte Vorteile hat: Man muß sich nicht abschrecken (oder erschlagen) lassen von der kombinationstheoretischen

Vielfalt der Abwägungs- und Entscheidungs-probleme, sondern kann sich der Entscheidung schrittweise nähern, was der kognitiven Kapazität besser entspricht, und man kann, am Ende angelangt, begründen, sogar in Form eines schriftlichen Protokolls, warum man die Entscheidung so und nicht anders getroffen hat.

13. Exkurs: Zum Problem überlegener Kriterien

Die Frage nach einer eventuell überlegenen Option führt auch zu der Frage nach einem eventuell überlegenen Kriterium. Gäbe es ein solches Kriterium, wäre das multikriterielle Entscheidungsproblem gar keines, sondern ein monokriterielles. Und es wäre außerdem ein echtes monokriterielles Entscheidungsproblem und nicht ein künstliches, wie es die Vertreter der sogenannten Bewertungs- und Aggregationsverfahren herstellen (möchten, aber nicht können).
Fragen wir also: Gibt es ein Kriterium, das allen anderen Kriterien überlegen ist?

Angenommen, jedes Kriterium stifte eine starke (lineare) Ordnung der Optionen und die Anzahl der Kriterien sei genauso hoch, wie die Anzahl der möglichen Ordnungen der Optionen. Ist die Anzahl der Optionen n, so beträgt die Anzahl der Ordnungen (p): p = n!
z.B. bei n = 3 ist p = 6:
1 2 3 2 3 1 3 1 2
1 3 2 2 1 3 3 2 1.

Gibt es 6 Kriterien, die diese Ordnungen stiften, so wird, wenn es eine finale starke Ordnung der Optionen gibt, eines dieser Kriterien gerade diese Ordnung herstellen. Dieses Kriterium könnte dann als das überlegene Kriterium angesehen werden (das alle anderen überflüssig macht).

Allerdings ist die Annahme einer starken finalen Ordnung problematisch. Eine Abstimmungsmatrix, die alle möglichen Ordnungen enthält, ist vollkommen zirkulär, d.h. der Linearitätsgrad ist 0.5 und der Interdependenzgrad ist 1[4]. Eine finale starke Ordnung ist diesem Datensatz nicht immanent und kann daher nicht durch Triangulation aufgedeckt werden, sondern muß durch das Abwägungsverfahren erst hergestellt werden.

Ist dies aber der Fall, dann gibt es also nur im nachhinein ein überlegenes Kriterium. Diese Erkenntnis stützt die These, daß der systematische Ort für die Bestimmung der unterschiedlichen Bedeutung der Kriterien der Abwägungsvorgang ist und daß die relative Bedeutung der Kriterien im konkreten Abwägungsfall uno actu bestimmt wird.

In dem Maße, wie die Anzahl der Kriterien erhöht wird,[5] erhöht sich tendenziell auch die Zirkularität der Abstimmungsmatrix und damit die Notwendigkeit und die Komplexität der Abwägung.

Blickt man auf die kollektive Entscheidung und auf die Bedingungen des Unmöglichkeitstheorems, so müßte man einerseits im Interesse der Forderung der Allgemeingültigkeit, möglichst keine individuelle Präferenzordnung ausschließen, d.h. also in Analogie zum multikriteriellen Fall, möglichst viele Kriterien einbeziehen. Man müßte aber andererseits im Interesse des sog. Ausschlusses eines Diktators verhindern, daß eine individuelle Präferenzordnung die des Gremiums ist, d.h. in Analogie zum multikriteriellen Fall also ein überlegenes Kriterium, weil es der finalen Ordnung der Optionen entspricht, ausscheiden.
Beides macht im multikriteriellen Fall wenig Sinn, die Ausweitung des Kriterienkatalogs nicht, weil die Komplexität der Abwägung zu groß wird, und das Ausscheiden des dominanten Kriteriums nicht, aus zwei Gründen:
Ist der Datenmatrix eine finale Ordnung der Optionen von vornherein immanent, so ist das überlegene Kriterium faktisch berücksichtigt, warum sollte man es ausscheiden, da es doch gerade die gesuchte Situation herstellt?

---

4 Zu diesen Kennziffern siehe Anhang A-2.

5 Mit zunehmender Anzahl der Optionen ist dies im übrigen ein immer hoffnungsloseres Unterfangen, da damit die Anzahl (p) der möglichen Ordnungen nach Maßgabe von $p = n!$ ins uferlose steigt (z.B. gilt: $n = 4$, $p = 24$; $n = 5$, $p = 120$; $n = 6$, $p = 720$, . . .)

Wird das überlegene Kriterium uno actu im Abwägungsfall bestimmt, so besteht gar keine Möglichkeit des vorsorglichen Ausscheidens, da man dieses Kriterium ja erst im nachhinein kennt, wollte man es nachträglich ausscheiden, würde man wiederum die gesuchte und gefundene Situation zerstören.

Kapitel 4: Möglichkeiten und Grenzen der expliziten Abwägung von Vorteilen und Nachteilen

14. Weiterführung des Beispiels

Auf der Grundlage der Vorteile-Nachteile-Tabelle (Tab.13) kann das multikriterielle Entscheidungsproblem als ein mehrteiliges Abwägungsproblem beschrieben werden. In unserem Beispiel gibt es entsprechend der Anzahl der Optionenpaare vier Abwägungsprobleme:

$A_1(S_1/S_2)$: ${}_{1/2}V_2{}^\circ{}_{1/2}V_3{}^\circ{}_{1/2}V_5$)(${}_{1/2}N_1{}^\circ{}_{1/2}N_4$?
$A_2(S_1/S_3)$: ${}_{1/3}V_2{}^\circ{}_{1/3}V_3$)(${}_{1/3}N_1{}^\circ{}_{1/3}N_4{}^\circ{}_{1/3}N_5$?
$A_3(S_1/S_4)$: ${}_{1/4}V_2{}^\circ{}_{1/4}V_3{}^\circ{}_{1/4}V_5$)(${}_{1/4}N_1{}^\circ{}_{1/4}N_4$?
$A_4(S_2/S_3)$: ${}_{2/3}V_2$)(${}_{2/3}N_1{}^\circ{}_{2/3}N_3{}^\circ{}_{2/3}N_4{}^\circ{}_{2/3}N_5$?

Um die Darstellung zu vereinfachen, betrachten wir im folgenden nur drei Abwägungsprobleme, d.h. wir beschränken uns auf die Optionen (Standorte) S_1 , S_2 und S_3 und scheiden S_4 aus. Wie wir aus dem Beispiel wissen, kann diese Option in keinem Fall gewinnen, somit entfällt auch das Abwägungsproblem A_3.

Betrachten wir zunächst den Möglichkeitsbereich der Ergebnisse. Der Einfachheit halber seien nur binäre Entscheidungen, das heißt entweder "Ja" (J) oder "Nein" (N), zugelassen. Wie die Tabelle 15 zeigt, gibt es 8 Ergebnisfälle, in der Sprache der Kombinatorik "Variationen mit Wiederholung" genannt.

Die Formel lautet:

$$ {}^{W}V_n^k = n^k = 2^3 = 8 \ . \qquad (1)$$

mit:
n: Anzahl der Elemente, hier n = 2 wegen n = [J,N]
k: Anzahl der Gruppen (Klassen), hier k = 3 wegen k = [A_1 , A_2, A_4]
w: Indikator für die Zulässigkeit der Wiederholung von J oder N.

Variationen								
Gruppen	1	2	3	4	5	6	7	8
A_1	J	J	J	J	N	N	N	N
A_2	J	J	N	N	N	J	N	N
A_4	J	N	J	N	J	N	J	N
Ergebnis	S_1	S_1	i	S_3	S_2	i	S_2	S_3

i: intransitiv

Tabelle 15: Möglichkeitsbereich der Ergebnisse

In der Ergebniszeile der Tabelle 15 sind die Optionen aufgeführt, für die man sich entschieden hätte, wenn man eine der 8 Variationen gewählt hätte. In 2 von 8 Fällen (Variationen 3 und 6) wären die Teilentscheidungen widersprüchlich (intransitiv im Sinne einer zyklischen Triade), so daß eine Entscheidung zugunsten eines der 3 Optionen nicht getroffen werden könnte. Die angegebenen Optionen sind diejenigen Optionen, die an erster Stelle stehen, wenn man die 3 Optionen in eine Rangordnung bringt, wobei eine solche Rangordnung die logische Konsequenz dreier Teilentscheidungen, die der Transitivitätsbedingung genügen, ist.

Die Tabelle 16 dient der Erläuterung des Zustandekommens der Ergebniszeile von Tabelle 15.

Variation								
Gruppen	1	2	3	4	5	6	7	8
A_1	S1S_2	S_1S_2	S_1S_2	S_1S_2	S_2S_1	S_2S_1	S_2S_1	S_2S_1
A_2	S_1S_3	S_1S_3	S_3S_1	S_3S_1	S_3S_1	S_1S_3	S_3S_1	S_3S_1
A_4	S_2S_3	S_3S_2	S_2S_3	S_3S_2	S_2S_3	S_3S_2	S_2S_3	S_3S_2
Rangordnung	$S_1S_2S_3$	$S_1S_3S_2$	$S_1S_2S_3S_1$	$S_3S_1S_2$	$S_2S_3S_1$	$S_2S_1S_3S_2$	$S_2S_3S_1$	$S_3S_2S_1$

Tabelle 16: Implizierte Rangordnungen der Optionen

Wenn beispielsweise S_1 gegen S_2 gewinnt und S_2 gegen S_3, dann muß auch S_1 gegen S_2 gewinnen, soll die Transitivitätsbedingung nicht verletzt werden. Folglich lautet die Rangordnung S_1 S_2 S_3 (Fall/Variation 1). In den Fällen/Variationen 3 und 6 gibt es zyklische Triaden.

Die Frage nach dem Zustandekommen der in Tabelle 16 aufgeführten Ergebnisse führt von der Betrachtung des Möglichkeitsbereichs der Ergebnisse zu der Betrachtung eines viel umfassenderen Möglichkeitsbereichs, nämlich des Möglichkeitsbereichs der Abwägungsfälle.

Dieser Möglichkeitsbereich ist definiert als das kartesische Produkt aller Kombinationen von Vorteilen $\left(C_r^V, r=1,\ldots,R\right)$ und aller Kombinationen von Nachteilen$\left(C_s^N, s=1,\ldots,S\right)$. Dabei handelt es sich in der Sprache der Kombinatorik um "Kombinationen im engeren Sinne", ausgedrückt durch einen Kombinationsoperator (oder Binomialkoeffizient) je Optionenpaar $S_j / S_k (j \neq k)$,und zwar

für die Vorteileseite: $\quad {}_k^j C_n^V = 2^r - 1$ (2a)

für die Nachteileseite: $\quad {}_k^j C_s^N = 2^s - 1$.[1] (2b)

Für das Abwägungsproblem A_1 (S_1 / S_2) gibt es

${}_2^1 C_3^V = 2^3 - 1 = 7$ Kombinationen auf der Vorteileseite

und ${}_2^1 C_2^N = 2^2 - 1 = 3$ Kombinationen auf der Nachteileseite,

so daß die Anzahl der Abwägungsfälle für A_1 in einer Tabelle mit 7 Zeilen und 3 Spalten dargestellt werden kann (Tabelle 17).

---

1 Ableitung der Formel: Der Kombinationsoperator ist definiert als "Elementenzahl (n) über Gruppengröße (g)": $\binom{n}{g}$. Für das Abwägungsproblem A_1 beträgt die Elementenzahl (n) im vorliegenden Fall für die Vorteilsseite n = 3 und für die Nachteileseite n = 2. Für die Vorteileseite gibt es 3 Unionen ($\binom{3}{1}$ = 3/1 = 3), 3 Amben ($\binom{3}{2}$ = 3·2/1·2 = 3) und 1 Terne ($\binom{3}{3}$ = 3·2·1/1·2·3 = 1). Als theoretisch vollständige Reihe kann man schreiben: $\binom{3}{0}\binom{3}{1}\binom{3}{2}\binom{3}{3}$ wobei $\binom{3}{0}$ = $\binom{3}{3}$ und $\binom{3}{1}$ = $\binom{3}{2}$, weil stets gilt: $\binom{n}{g}$ = $\binom{n}{n-g}$. Alle Ergebnisse in additiver Reihe geschrieben ergibt: 1+3+3+1 = 8. Da als allgemeine Regel gilt, daß die Quersumme sich stets als die Zahl 2 zur Potenz der Elementenzahl erhoben ergibt, kann man auch schreiben: 2^3 = 8. Im vorliegenden Fall muß das erste Reihenglied als hier nicht existent abgezogen werden, daher gilt allgemein 2^r - 1 bzw. 2^3 - 1 = 7. Entsprechend gilt für die Nachteileseite: 2^s - 1 bzw. 2^2 -1 = 3. (Ausführlich: Colerus, 1989, 53ff.).

		N-Kombinationen		
Gruppen	V-Kombinationen	${}_{1/2}N_1$	${}_{1/2}N_4$	${}_{1/2}N_1{}^\circ{}_{1/2}N_4$
1	${}_{1/2}V_2$			
2	${}_{1/2}V_3$			
3	${}_{1/2}V_5$			
4	${}_{1/2}V_2{}^\circ{}_{1/2}V_3$			
5	${}_{1/2}V_2{}^\circ{}_{1/2}V_5$			
6	${}_{1/2}V_3{}^\circ{}_{1/2}V_5$			
7	${}_{1/2}V_2{}^\circ{}_{1/2}V_3{}^\circ{}_{1/2}V_5$			

Tab. 17: Abwägungsfälle für das Abwägungsproblem A_1

Damit sind für das Projektpaar S_1 /S_2 21 Abwägungsfälle definiert, wobei das letzte Tabellenfeld (7. Zeile, 3. Spalte) dem Abwägungsproblem A_1 entspricht. Das bedeutet, daß 20 der 21 Abwägungsfälle als Teilentscheidungen (oder Vorstufenentscheidungen) angesehen werden können, die in der 21. Entscheidung als Endentscheidung impliziert sind.

Entsprechendes gilt für das Abwägungsproblem A_2 (S_1 /S_3). Hier gibt es 3 Kombinationen auf der Vorteileseite (${}^{1}_{3}C^{V}_{2} = 2^2 - 1 = 3$)

und 7 Kombinationen auf der Nachteileseite (${}^{1}_{3}C^{N}_{3} = 2^3 - 1 = 7$),
so daß die Gesamtzahl der Abwägungsfälle auch hier 21 beträgt und die entsprechende Tabelle aus 3 Zeilen und 7 Spalten besteht.

Das Abwägungsproblem A_4 (S_2 /S_3) umfaßt 15 Abwägungsfälle, da es diesmal aber auf der Vorteileseite nur eine "Kombination" (${}^{2}_{3}C^{V}_{1} = 2^1 - 1 = 1$) und auf der Nachteileseite 15 Kombinationen gibt

(${}^{2}_{3}C^{N}_{4} = 2^4 - 1 = 15$), enthält die entsprechende (hier nicht dargestellte) Tabelle 1 Zeile und 15 Spalten.

Insgesamt gibt es also 57 (21+21+15) Abwägungsfälle, wovon 54 Teilentscheidungen und 3 Endentscheidungen sind. Das Problem besteht nicht nur darin, die 3 Endentscheidungen zustande zu bringen, sondern auch zu erreichen, daß sowohl die Teilentscheidungen als auch die

Endentscheidungen logisch widerspruchsfrei (transitiv) sind. Die Gewährleistung der logischen Widerspruchsfreiheit ist ein aufwendiges mehrstufiges Verfahren nach dem Prinzip, aus der Menge aller möglichen Entscheidungen die Menge logisch widersprüchlicher (intransitiver) Entscheidungen auszuscheiden. Es handelt sich hierbei um ein Arbeitsgebiet, das computergestützte Assistenz benötigt und das der Entscheidende, da es ja nicht die Abwägung selbst betrifft, delegieren kann (Velsinger 1971, 52).

15. Kontrolle der logischen Widerspruchsfreiheit

Ausgangspunkt ist das im Verfahrensbeispiel beschriebene Abwägungsproblem $A_1(S_1 /S_2)$ und die ihm zugeordneten Tabellen . Um eine allzu umfängliche Darstellung, die eher verwirrend wäre, zu vermeiden, wird auf die analoge Verfahrensbeschreibung für die Abwägungsprobleme A_2 und A_4 verzichtet.
In Fortführung der Kombinatorik werden die Abwägungsfälle zeilenweise betrachtet, und eine Tabellenzeile wird als eine Gruppe von Abwägungsfällen bezeichnet. Die Tabelle 17 enthält also 7 Gruppen von Abwägungsfällen.

Die 7 Gruppen umfassen je nach der Anzahl der Vorteile 3 Einergruppen (Unionen; Zeilen 1,2,3), 3 Zweiergruppen (Amben; Zeilen 4,5,6) und eine Dreiergruppe (Terne; Zeile 7). Es genügt, im folgenden exemplarisch die Zeilen 1, 4 und 7 zu betrachten.

Beginnen wir also mit der ersten Gruppe, das heißt mit Zeile 1 der Tabelle 17, wo für das Optionenpaar S_1 /S_2 darüber zu entscheiden ist, ob der Vorteil $_{1/2}V_2$ einen der beiden Nachteile $(_{1/2}N_1, _{1/2}N_3)$ oder beide $(_{1/2}N_1 \circ _{1/2}N_3)$ "schlägt". Es gibt 8 Möglichkeiten der Entscheidung oder in der Sprache der Kombinatorik: 8 Variationen $({}^{W}V_n^k = n^k = 2^3 = 8)$. Der ersten Zeile der Tabelle 17 ist somit eine eigene Ergebnistabelle zugeordnet (Tab. 18). Die Tabelle repräsentiert die Menge der möglichen Ergebnisfälle für die Gruppe 1.

Gruppe1	$_{1/2}V_2$)(...			
Ergebnisfälle	$_{1/2}N_1$	$_{1/2}N_3$	$_{1/2}N_1 \circ {}_{1/2}N_3$	
1	J	J	J	
2	J	J	N	
3	J	N	J	i
4	J	N	N	
5	N	J	J	i
6	N	J	N	
7	N	N	J	i
8	N	N	N	

Tab. 18: Ergebnistabelle für Gruppe 1 des Abwägungsproblems A_1

Von den 8 Ergebnisfällen sind nur 5 zulässig, weil die mit "i" gekennzeichneten Fälle 3, 5 und 7 intransitiv sind, das heißt der Transitivitätsbedingung nicht genügen und damit logisch widersprüchlich sind. In 4 der 5 zulässigen Ergebnisfälle lautet die Endentscheidung (3. Spalte) "Nein" (N).[2] Die Abwägungsaufgabe besteht darin, sich für einen der 5

[2] Erläuterungen zu Tabelle 18:
Beginnen wir, weil am wenigsten verwirrend, mit der Zeile 8. Hier wird ein Vorteil ($_{1/2}V_2$) mit jeweils einem von zwei Nachteilen (erst $_{1/2}N_1$, dann $_{1/2}N_3$) verglichen. Beidesmal lautet das Ergebnis "Nein" (N), d.h. daß der Vorteil nicht groß genug ist, um den Nachteil zu dominieren. Genauer: hinge die Entscheidung zugunsten von S_1 oder S_2 nur von dem Vergleich $_{1/2}V_2$ mit $_{1/2}N_1$ bzw. $_{1/2}V_2$ mit $_{1/2}N_3$ ab, würde jeweils S_2 gewinnen. Logischerweise kann S_1 auch dann nicht gewinnen, wenn beide Nachteile zusammen, d.h. als Verband betrachtet werden. Wenn also die Entscheidung in der dritten Spalte logischerweise "Nein" (N) lauten muß, ist von den Zeilen 7 und 8 nur Zeile 8 zulässig.
Gehen wir nun die Tabelle weiter nach oben und betrachten die Zeilen 6, 5, 4 und 3, die die gemischten Fälle enthalten. Jeweils einmal reicht der Vorteil nicht aus, um einen der beiden Nachteile zu dominieren. Allein deshalb muß die Entscheidung in der dritten Spalte "Nein" (N) lauten, denn wenn ein Nachteil schon zu groß ist, sind es zwei Nachteile erst recht, selbst wenn der zweite Nachteil noch so klein ist. Von den Zeilen 6, 5, 4 und 3 stellen also nur die Zeilen 6 und 4 zulässige Entscheidungen dar, während die Zeilen 5 und 3 (mit dem Ergebnis "Ja" (J) in der dritten Spalte) unzulässige Entscheidungen darstellen.
Es verbleiben noch die ersten beiden Zeilen der Tabelle. Bei separater Abwägung gewinnt immer S_1 . Muß deshalb auch das Ergebnis in der dritten Spalte "J" lauten? Nein, da es durchaus sein kann, daß ein Vorteil zwar jeden Nachteil einzeln dominiert, er aber die (beiden) Nachteile im Verband doch nicht dominieren kann. Da andererseits der Vorteil auch dominant sein kann, beschreiben beide Zeilen (1 und 2) zulässigen Entscheidungen.
Von den 8 Gruppen von Abwägungsfällen sind also nur 5 Gruppen (Zeilen 1, 2, 4, 6

zulässigen Ergebnisfälle zu entscheiden. Erforderlich sind je Ergebnisfall höchstens 3 paarweise Vergleiche: 2 Teilentscheidungen (1. und 2. Spalte) und 1 Endentscheidung (3. Spalte). Drei Entscheidungen sind nur in den ersten beiden Fällen (1 und 2) vonnöten, in den übrigen Fällen (4, 6, 8) genügen bereits 2 Teilentscheidungen, weil die Endentscheidung logisch impliziert ist. Die für die Gruppe 1 der Abwägungsfälle angestellten Überlegungen gelten analog für alle Fälle von Unionen auf der Vorteileseite, also z.B. für die Zeilen 1, 2 und 3 der Tabelle 17.

Nun zu den Amben auf der Vorteileseite, das heißt zu 3 weiteren Gruppen von Abwägungsfällen (Zeilen 4, 5 und 6 in der Tabelle 17). Betrachten wir exemplarisch die Zeile 4, ist dieser Gruppe von Abwägungsfällen die nachstehende Ergebnistabelle zugeordnet, in welcher nur die (5) Fälle zulässiger Entscheidungen aufgeführt sind (Tabelle 19).

Gruppe4	${}_{1/2}V_2 \circ {}_{1/2}V_4$)(...		
Ergebnisfälle	${}_{1/2}N_1$	${}_{1/2}N_3$	${}_{1/2}N_1 \circ {}_{1/2}N_3$
1	J	J	J
2	J	J	N
3	J	N	N
4	N	J	N
5	N	N	N

Tab. 19: Ergebnistabelle für Gruppe 4 des Abwägungsproblems A_1

Wiederum ist festzustellen, daß in 4 der 5 Ergebnisfälle die Endentscheidung (3. Spalte) "Nein" (N) lautet.[3]

---

und 8) zulässig. In 4 der 5 Ergebnisfälle lautet die Endentscheidung (dritte Spalte) "Nein" (N).

[3] Erläuterungen zu Tabelle 19:
Den Ja-Fall (Fall 1) gibt es nur, wenn die beiden Vorteile im Verband (${}_{1/2}V_1 \circ {}_{1/2}V_3$) so groß sind, daß sie nicht nur in der Lage sind, jeweils einen der beiden Nachteile zu dominieren, sondern dies auch gegen den Verband beider Nachteile (${}_{1/2}N_1 \circ {}_{1/2}N_3$) schaffen. Das muß aber nicht so sein, der Verband der Nachteile kann sich auch als stärker erweisen (Fall 2). Schafft es der Vorteileverband schon nicht, einen der beiden Nachteile zu dominieren, so schafft er es gegen den Nachteileverband erst recht nicht (Fälle 3 und 4). Unterliegt der Vorteileverband sogar gegen jeden der Nachteile, dann ist er auch dem Nachteileverband unterlegen (Fall 5).

Nach den 6 Gruppen (3 Unionen, 3 Amben auf der Vorteileseite) verbleibt noch 1 Gruppe von Ternen (Zeile 7 in Tabelle 17). Dieser Gruppe von Abwägungsfällen ist wiederum eine Ergebnistabelle zugeordnet (Ergebnistabelle 20).[4]

Wieder ergibt sich das gleiche Bild wie bei den Unionen und Amben Einmal "Ja" (J) und viermal "Nein" (N) als Endentscheidung (3. Spalte). Offenbar ist es für die zulässigen Ergebnisse irrelevant, ob es sich um einen einzelnen Vorteil oder um einen Vorteileverband handelt. In unserem Beispiel sind es immer 5 zulässige Ergebnisfälle für jede der 7 Gruppen von Abwägungsfällen des Abwägungsproblems A_1.

Gruppe7	${}_{1/2}V_2 \circ {}_{1/2}V_4 \circ {}_{1/2}V_5$)(...		
Ergebnisfälle	${}_{1/2}N_1$	${}_{1/2}N_3$	${}_{1/2}N_1 \circ {}_{1/2}N_3$
1	J	J	J
2	J	J	N
3	J	N	N
4	J	N	N
5	N	N	N

Tab. 20: Ergebnistabelle für Gruppe 7 des Abwägungsproblems A_1

Die Anzahl der zulässigen Ergebnisfälle je Gruppe (G) folgt aus der Formel ${}^{W}V_G = \left(\frac{1}{2}2^k\right) + 1 = 2^{k-1} + 1$. (3)

Die Hälfte der maximalen Anzahl sind entweder gemischte Fälle (J/N) oder reine Nein-Fälle (N/N), das Endergebnis ist immer N. Daher können bis auf eine Ausnahme (die Teilentscheidungen lauten: J/J) alle Ja-Fälle gestrichen werden (hier ${}^{W}V_G = 2^{3-1} + 1 = 5, G = 1,\dots,7$).

Auch bei nur 5 möglichen Ergebnisfällen je Gruppe von Abwägungsfällen

4 Erläuterungen zu Tabelle 20:
Wenn der Verband von 3 Vorteilen jeweils einen von 2 Nachteilen dominiert (Fälle 1 und 2), kann es sowohl sein, daß der Vorteileverband auch den Verband der beiden Nachteile dominiert (Fall 1) als auch, daß der Vorteileverband unterliegt (Fall 2). Wenn bereits einer der Nachteile ausreicht, den Vorteileverband zu dominieren (Fälle 3 und 4), so gilt dies erst recht für den Verband beider Nachteile. Unterliegt der Vorteileverband sogar beide Male gegen einen der Nachteile, dann ist er auch dem Nachteileverband unterlegen (Fall 5).

ist die Menge der möglichen Entscheidungen bei 7 Gruppen (7 Zeilen der Tabelle 17) erschreckend groß. Rechnerisch gibt es $n^k = 5^7 = 78.125$ Möglichkeiten, die Tabelle 17 auszufüllen!

Aber wären die in Tabelle 17 präsentierten Ergebnisse auch logisch widerspruchsfrei? Nach den bisherigen Ausführungen wäre nur gewährleistet, daß die einzelnen Gruppenergebnisse der Transitivitäts-bedingung genügen, nicht aber, daß die gewissermaßen zeilenweise zusammengesetzte Tabelle 17 als Ganze logisch widerspruchsfrei wäre. Im Grunde ist hier die obige Formel (3) analog anzuwenden. Für das Abwägungsproblem A_1 würde sich dann die Menge der zulässigen Lösungen ($^wV_{A1}$) auf $^wV_{A1} = 5^{k-1} + 1 = 5^{7-1} + 1 = 15.626$ Lösungen reduzieren.

Jede Entscheidung über die in Tabelle 17 enthaltenen Abwägungsfälle wird daraufhin kontrolliert, ob sie in die jeweilige Menge der zulässigen Lösungen fällt, andernfalls wird die Entscheidung nicht zugelassen. Letztendlich muß auch die Kombination der 3 Endentscheidungen aus den drei Tabellen, die den drei Abwägunsproblemen A_1, A_2 und A_4 zugeordnet sind (wovon hier nur Tab. 17 mit den drei zugehörigen Ergebnistabellen 18, 19 und 20 dargestellt wurde), logisch widerspruchsfrei sein. Daher muß auch kontrolliert werden, ob intransitive Variationen, das heißt die Variationen 3 oder 6 in Tabelle 15, vorliegen. Ist dies der Fall, ist eine Lösung des Entscheidungsproblems nicht erreicht, und die ganze Prozedur muß wiederholt werden.

16. Verallgemeinerung und Größenordnung eines multikriteriellen Entscheidungsproblems

Ein Entscheidungsproblem besteht aus einer Menge von Abwägungsproblemen $A_\omega = [A_1, \ldots, A_{Zp}]; (\omega = 1, \ldots, z_p)$, wobei die Anzahl der Abwägungsprobleme der Anzahl der Optionenpaare ($Z_p = \left(\frac{n(n-1)}{2}\right)$;

n: Anzahl der Optionen) entspricht.

Ein Abwägungsproblem (A_ω) besteht aus der (tabellarischen) Gegenüberstellung einer Menge von Vorteilskombinationen ${}_{\omega}C_{n}^{V} = 2^{r} - 1$ und einer Menge von Nachteilskombinationen ${}_{\omega}C_{s}^{N} = 2^{s} - 1$. Der Laufindex ω bezeichnet die Nummer des Abwägungsproblems (ω=1,...,z_p). Die Summe aus der Anzahl der Vorteile (r) und der Anzahl der Nachteile (s) entspricht der Anzahl der Kriterien (i), daher i = r + s, mit r = 1,...,(i-s) und s = 1,...,(i - r). Die Gesamtmenge der Abwägungs-fälle (M) ist

$$M = \sum_{\omega} {}_{\omega}C_{r}^{V} \cdot {}_{\omega}C_{s}^{N} \,. \qquad (4)$$

Die Gesamtmenge (M) ist desto größer, je größer die Anzahl der Optionen und/oder Kriterien ist. Um über diesen Zusammenhang Genaueres aussagen zu können, ist eine Übersicht über die verschiedenen Konsequenzen einer sukzessiven Erhöhung der Anzahl der Kriterien, kombiniert mit einer sukzessiven Erhöhung der Anzahl der Optionen, zweckmäßig (Tabelle 21).

In der ersten Spalte (K) ist in aufsteigender Folge die Anzahl der Kriterien aufgeführt. Je Kriterienanzahl sind 5 Zeilen eingerichtet, um eine unterschiedliche Anzahl von Optionen berücksichtigen zu können. In der zweiten Spalte (P) wird die Anzahl der Optionen jeweils von 2 auf 6 erhöht. In der dritten Spalte (Z_p) ist die der Anzahl der Optionen entsprechende Anzahl von Optionenpaaren und damit die Anzahl der Abwägungsprobleme (A_ω) aufgeführt. Die beiden folgenden Spalten enthalten die Bandbreite der Anzahl der Abwägungsfälle je Abwägungsproblem, F_{min} als Untergrenze (4. Spalte) und F_{max} als Obergrenze (5. Spalte).

Untergrenze und Obergrenze ergeben sich aufgrund der verschiedenen Kombinationsmöglichkeiten der Vorteile und Nachteile. Beispielsweise folgen die 21 Felder der Tabelle 20 aus der Kombination von 3 Vorteilen und 2 Nachteilen ((2^3 - 1) (2^2 - 1)) = 7 · 3), wäre die Kombination z.B. 1 zu 4, ergäben sich nur 15 Tabellenfelder bzw. Abwägungsfälle (2^1 - 1) (2^4 - 1) = 1 · 15). Entsprechend dieser Bandbreite differiert auch die Gesamtmenge (M) der Abwägungsfälle M_{min} (5. Spalte) und M_{max} (6. Spalte).

K	P	z_p	F_{min}	F_{max}	M_{min}	M_{max}
2	2	1	1	1	1	1
2	3	3	1	1	3	3
2	4	6	1	1	6	6
2	5	10	1	1	10	10
2	6	15	1	1	15	15
3	2	1	3	3	3	3
3	3	3	3	3	9	9
3	4	6	3	3	18	18
3	5	10	3	3	30	30
3	6	15	3	3	45	45
4	2	1	7	9	7	9
4	3	3	7	9	21	27
4	4	6	7	9	42	54
4	5	10	7	9	70	90
4	6	15	7	9	105	135
5	2	1	15	21	15	21
5	3	3	15	21	45	63
5	4	6	15	21	90	126
5	5	10	15	21	150	210
5	6	15	15	21	225	315
6	2	1	31	49	31	49
6	3	3	31	49	93	147
6	4	6	31	49	186	294
6	5	10	31	49	310	490
6	6	15	31	49	465	735
7	2	1	63	105	63	105
7	3	3	63	105	189	315
7	4	6	63	105	378	630
7	5	10	63	105	630	1050
7	6	15	63	105	945	1575

Tab. 21: Gesamtmenge (M) der Abwägungsfälle in Abhängigkeit von der Anzahl der Kriterien und Optionen

Die Tabelle zeigt, daß die Anzahl der Abwägungsfälle schon bei 7 Kriterien und 6 Optionen zwischen 945 und 1.575 liegt - eine Größenordnung, die die kognitive Leistungsfähigkeit eines Entscheidenden wohl unbestritten überfordert. Bei der von Arrow/Raynaud (1966, 12) vermuteten Größenordnung von 4 Kriterien und 4 Optionen sind immerhin noch zwischen 42 und 54 Abwägungsfälle zu bewältigen. Auch das oben behandelte Beispiel (5 Kriterien, 3 Optionen) liegt in dieser Größenordnung. Aber schon bei Hinzunahme einer weiteren Option würde sich die Anzahl der Abwägungsfälle verdoppeln. Bedenkt man ferner die umfangreichen und eventuell langwierigen Überprüfungen der Widerspruchsfreiheit, so scheint es in der Tat mit der Herrlichkeit multikriterieller Entscheidungstechnik zur Bewältigung von Entscheidungsproblemen auf der Grundlage zweistelliger Anzahlen von Kriterien und Optionen nicht weit her zu sein.

Will man nicht in die Nutzen-Heuristik und damit in den alten Trott zurückfallen, bietet sich als Ausweg zum einen an, umfangreiche multikriterielle Entscheidungsprobleme zunächst mit interaktiven Entscheidungsverfahren schrittweise durch Elimination von Kriterien und Optionen zu verkleinern (Benayoun/de Montgolfier/Tergny/Larichev, 1971; zu Weiterentwicklung und Spielarten Grauer /Wierzbicki, 1984), um sodann die hier vorgeschlagene Abwägungsprozedur durchzuführen. Zum anderen können die beschriebenen Wege der Sondierung beschritten werden. Wie gezeigt, ergeben sich hierdurch Möglichkeiten, den jeweiligen Aufbau des multikriteriellen Entscheidungsproblems zu erkunden und die immanenten Teillösungen (partielle Rangordnungen) und Lösungsansätze (Abwägungsprobleme) zu erkennen.

Kapitel 5 Zusammenfassung

Zu einer Entscheidungsmatrix gelangt man durch einen Arbeitsvorgang, der zwei Arbeitsschritte umfaßt:

(1) die Vorbereitung der Entscheidung als Datenbereitstellung
(2) den Entscheidungsvorgang als planvolles Verfahren der Sondierung und Abwägung von Vorteilen und Nachteilen.

Aufgabe des ersten Arbeitsschrittes ist vor allem die Bestimmung der Objektcharakteristik in Form einer Datentabelle (Tab. 10), die in der Kopfzeile die Optionen und in der Kopfspalte die Kriterien enthält. Das Tabelleninnere enthält die Ausprägungen der Kriterien.

Aufgabe des zweiten Arbeitsschrittes ist, eine neurogene Leistung des menschlichen Gehirns abzufordern und zu ermöglichen. Diese Leistung besteht in der Denkarbeit, die mit der Abwägung verbunden ist, d.h. in der expliziten Abwägung von Vorteilen und Nachteilen einer Option im Vergleich mit einer anderen, also durch paarweise Vergleiche der Optionen. Diese Denkarbeit ist im Grunde ein Produktionsverfahren zur Herstellung eines Abwägungsergebnisses, oder was dasselbe ist: einer Entscheidung.

Solche Denkarbeit ist mit Ungemach verbunden, der Volksmund spricht ja nicht von ungefähr von "Qual der Wahl". Der scherzhafte Spruch "lieber reich und gesund als arm und krank" weist gerade durch seine Absurdität auf das Charakteristische eines Entscheidungsproblems hin, nämlich auf das Problem der Abwägung von Vorteilen und Nachteilen. Steht man vor der Alternative, entweder eine Möglichkeit A oder eine Möglichkeit B zu wählen (in der Sprache der Logik: $A \veebar B$) und liegen alle Vorteile nur auf der einen Seite (A) und alle Nachteile nur auf der anderen Seite (B), so kann man von einem Entscheidungsproblem nicht sprechen: A "dominiert" B, und damit ist klar, daß die Möglichkeit A der Möglichkeit B vorzuziehen ist.

Ein echtes Entscheidungsproblem dagegen versetzt den Entscheidenden in ein "Dilemma": wo Vorteile sind, da sind auch Nachteile, und wegen dieser Koinzidenz sind Entscheidungen immer mit der Abwägung von Vorteilen und Nachteilen verbunden. Im obigen Beispiel bestünde also nur dann ein Entscheidungsproblem, wenn die Möglichkeit A durch die Merkmale [reich, krank] oder [arm, gesund] und die Möglichkeit B entsprechend durch die Merkmale [arm, gesund] bzw. [reich, krank] gekennzeichnet wäre.
Die Qual der Wahl hat zu tun mit dem Energieaufwand, mit Mängeln der "Produktionsanlagen" im Sinne einer begrenzten Verarbeitungskapazität des Kleinhirns (Miller 1956; Arrow/Rauynaud 1986) und dem "Know how"[1] . Dieser Arbeit liegt die Hypothese zugrunde, daß der kognitive Vorgang der Abwägung nicht vollständig endosomatisch vorgegeben, sondern - in Grenzen - durch Erkenntnisse der Entscheidungstheorie beeinflußbar ist.
Allerdings dürfte eine generelle "Abwägungsaversion" wohl kaum zu bestreiten sein, verbunden mit dem Bestreben, sich die Qual der Wahl so einfach wie möglich zu machen. Vermutlich haben die "Bewertungs- und Aggregationsverfahren" im Verbund mit den Verheißungen der Nutzenaxiomatik hier ein Leitmotiv[2] .

---

[1] "We have to admit that a regular brain is not built in order to make complex multicriterion decisions the quantity of information is too large to allow a simultaneous treatment by the short-term memory, and there is no clearly dominant methodology allowing a progressive treatment" (Arrow/Raynard, 1986, 12). Gestützt auf Computersimulationen zum Abstimmungsparadoxon (Niemi/Weisberg, 1968; Gilbaud, 1968; Fishburn/Gehrlein/Maskin, 1979) wird erwartet, daß die Wahrscheinlichkeit des Auftretens widersprüchlicher Entscheidungen mit zunehmender Anzahl von Optionen und Kriterien schnell gegen 1 tendiert (Arrow/Raynaud, 1986, 28).

[2] Mit "Gewichtung" ist dem Problem der inneren Widersprüchlichkeit nicht beizukommen. Arrow/Raynaud beschränken ihre Überlegungen realistischerweise (wegen der im Normalfall gemischt skalierten Datentabellen) ausschließlich auf ordinal skalierte Kriterienausprägungen ("purely ordinal case", ebenda), weshalb sich die Frage einer Multiplikation, das heißt auch mit Gewichten im Sinne der später (Anhang A-1) zu behandelnden Umrechnungsfaktoren, erst gar nicht stellt. Aber auch eine Ausflucht im Sinne einer Interpretation der Kriterien als mit unterschiedlicher Anzahl von Personen besetzten Wählergruppen wird als Wunschdenken und Irrweg ("weighted majority deadlock", ebenda, 13) verworfen. Damit ist auch aus einer anderen Perspektive den Gewichtungsritualen der Boden entzogen.

Das vorgeführte Beispiel (Kapitel 3) hat gezeigt, wie man unter Zuhilfenahme der Kombinatorik das Abwägungsproblem durch Sondierung vereinfachen kann, indem man die Fälle der totalen Überlegenheit und Unterlegenheit ausscheidet und die Fälle der partiellen Überlegenheit und Unterlegenheit als Vorgaben, die den Möglichkeits- und Entscheidungsspielraum erheblich verkleinern, behandelt. Dennoch bleibt die Qual der Wahl, wenn sie auch schrittweise zu bewältigen ist und dadurch viel von ihrem vermeintlichen Schrecken verliert.

Unangenehm bleibt auf jeden Fall, Vorteile und Nachteile "im Verbund" (im Sinne eines n-Tupels oder Vektors) zu vergleichen und abzuwägen. Einerseits muß das sein, weil die Sachlogik verlangt, daß der kognitive Entscheidungsvorgang des Abwägens als das Abwägen eines - festgeschnürten - Paketes von Vorteilen und Nachteilen behandelt wird. Andererseits ist es nicht notwendig, den Entscheidenden sich selbst zu überlassen, sondern das kognitive Abwägungsverfahren kann und muß einer systematischen Behandlung zugänglich gemacht werden. Bei der Bestimmung der Möglichkeiten und Grenzen der expliziten Abwägung von Vorteilen und Nachteilen spielt die Transitivitätsbedingung eine entscheidende Rolle, zum einen, um die logische Widerspruchsfreiheit zu gewährleisten, zum anderen, um den Möglichkeits- und Entscheidungsraum zu verkleinern. Dabei ergeben sich Erkenntnisse über die Größenordnung multikriterieller Entscheidungsprobleme.

Die multikriterielle Entscheidungstheorie ist per se multikriteriell und eben nicht monokriteriell, das heißt der Versuch, mit Hilfe der Fiktion eines gemeinsamen Nutzenmaßstabs ein multikriterielles Entscheidungsproblem auf ein monokriterielles zurückzuführen, indem man Vektoren in Skalare umrechnet, ist epistemisch falsch. Vielmehr sind Vektoren als Vektoren zu behandeln und in eine Ordnung zu bringen. Dies kann, wie gezeigt, durch ein planvolles Verfahren der Sondierung und der expliziten Abwägung von Vorteilen und Nachteilen geschehen.

Auf dem Weg dorthin sind Erkenntnisse aus dem Gebiet der gesellschaftlichen Wahl (kollektive Entscheidung bzw. Gruppenentscheidung) hilfreich, insbesondere im Hinblick auf das Problem der immanenten Widersprüchlichkeit, verstanden als Verstoß gegen die Bedingung der Transitivität. In Anbetracht der Isomorphie des kollektiven und des individuellen - und typischerweise multikriteriellen - Entscheidungsproblems läßt sich feststellen. daß Kriterien im multikriteriellen Fall dieselbe Ordnungsfunktion haben wie "Wählergruppen" im kollektiven Fall, d. h. die Funktion, die jeweiligen Optionen in eine Rangordnung zu bringen.
Bei der kollektiven Entscheidung wird das Problem der immanenten Widersprüchlichkeit besonders augenfällig durch das sog. Abstimmungsparadoxon illustriert. Experimente zeigen, daß das Auftreten sog. intransitiver Triaden eher der Regelfall denn der Ausnahmefall ist.
Unter diesem Aspekt gelangen wir zu einem ersten Ansatz des Abwägungsproblems: die intransitiven Triaden sind anders als durch ihre Offenlegung und Behandlung als partielle Entscheidungsprobleme nicht zu beseitigen und eine entsprechende finale Rangordnung erfordert ein wohlorganisiertes und schrittweises Verfahren der Abwägung von Vorteilen und Nachteilen.

Allerdings greift dieser erste Ansatz zu kurz, er bezieht sich gewissermaßen nur auf die Spitze des Eisbergs. Dem Abstimmungsparadoxon bei der kollektiven Entscheidung lag ja die sog. Mehrheitsregel zugrunde, d.h. praktisch, daß die Abstimmungsmatrix einer starken Filterung unterzogen und damit ein Teil der Stimmen unterdrückt wurde. Nur die Einstimmigkeitsregel schließt eine Unterdrückung von Stimmen aus.

Für die (individuelle) multikriterielle Entscheidung kommt eine Unterdrückung von Stimmen nicht in Frage, da, wie wir aus dem Beispiel (Kap. 3) wissen, daß die Fürstimmen die Vorteile und die Gegenstimmen die Nachteile von Optionen im Vergleich zu anderen Optionen repräsentieren. Eine analoge Filterung der Abstimmungsmatrix im multikriteriellen Fall würde somit einen Teil der Vorteile oder Nachteile verschwinden lassen.

In unserem Zahlenbeispiel (Tabelle 12) sähe die gefilterte und triangulierte Abstimmungsmatrix wie folgt aus (Tab. 22):

	S_3	S_1	S_2	S_4
S_3	*	1	1	1
S_1	0	*	1	1
S_2	0	0	*	1
S_4	0	0	0	*

Tab. 22: Gefilterte und triangulierte Abstimmungsmatrix

Eine intransitive Triade läge in diesem Fall nicht vor, d.h. die finale (starke) Ordnung der Optionen lautete: S_3, S_1, S_2, S_4 . Würde man sich mit dem oben erwähnten ersten Ansatz des Abwägungsproblems begnügen, erübrigten sich alle weiteren Schritte, die finale Entscheidung wäre bereits gefunden, da sie der Datentabelle (Tab. 10) immanent war und nur erkennbar gemacht werden mußte.
Tatsächlich sind wir in Kapitel 3 nicht so vorgegangen, sondern haben aufgrund der ungefilterten Abstimmungsmatrix (Tab. 12) die vollständige Vorteile-Nachteile-Tabelle (Tab. 13) erstellt, um dann die beschriebenen Verfahrensschritte folgen zu lassen. Dem in Kapitel 3 für den multikriteriellen Entscheidungsfall vorgestellten planvollen Verfahren der Sondierung und Abwägung von Vorteilen und Nachteilen liegt also, im Gegensatz zu dem Abstimmungsparadoxon bei der kollektiven Entscheidung, die Einstimmigkeitsregel zugrunde. Die Beseitigung von Widersprüchen, die sich in der Verteilung von Fürstimmen und Gegenstimmen äußern, werden also prinzipiell durch die explizite Abwägung von Vorteilen und Nachteilen überwunden.
Unter diesen Aspekten gelangen wird zu einem zweiten und umfassenderen Ansatz des multikriteriellen Abwägungsproblems: der Weg zu einer widerspruchsfreien finalen Rangordnung führt über ein wohlorganisiertes schrittweises Verfahren der Sondierung und Abwägung von (Verbänden von) Vorteilen und (Verbänden von) Nachteilen auf der Grundlage einer vollständigen (nicht gefilterten) Abstimmungsmatrix.

Einem solchen Verfahren sind Grenzen gesetzt, wie in Kapitel 4 im Hinblick auf die Größenordnung eines multikriteriellen Entscheidungsproblems und die Kontrolle der logischen Widerspruchsfreiheit gezeigt wurde. Als Resümee scheint sich eine mißliche Lage zu ergeben, die einer Gratwanderung zwischen Irrtum und Unmöglichkeit gleicht, wobei der Irrtum in einer falschen Heuristik und die Unmöglichkeit in der Notwendigkeit einer zumindest teilweisen Aufgabe des Problems besteht. Mit anderen Worten: Multikriterielle Entscheidungsprobleme, deren Komplexität im allgemeinen durch jeweils eine zweistellige Anzahl von Handlungsmöglichkeiten und Kriterien gekennzeichnet ist, werden entweder durch axiomatische Camouflage des Nutzenhokuspokus zu monokriteriellen Problemen pervertiert oder aus Gründen der kognitiven Leistungsfähigkeit in der Komplexität soweit reduziert, daß der multikriterielle Charakter nur in engen Grenzen gewahrt bleibt.

Innerhalb dieser Grenzen sind multikriterielle Entscheidungsprobleme, wie gezeigt, durchaus lösbar und zwar im konsequenten Verfolg des Prinzips der expliziten Abwägung von Vorteilen und Nachteilen. Hinzu kommt, daß diese Grenzen noch auszuloten sind. Die Verfahrensschritte der "Sondierung" machen deutlich, daß es einerseits möglich und andererseits sinnvoll ist, die latenten Vor- und Teilentscheidungen, die sich hinter komplexen Datentabellen verbergen, aufzudecken, um auf diese Weise die Trittstufen für den Lösungsweg zu erkennen. Am Ende muß immer die Abwägung stehen, allerdings ist auch hier ein schrittweises Vorgehen möglich, das den Entscheidenden in die Lage versetzt, die von ihm abverlangte kognitive Leistung der expliziten Abwägung von Vorteilen und Nachteilen zu erbringen und das Ergebnis, die finale Rangordnung der Optionen, die im übrigen mit Hilfe begleitender Kontrollverfahren widerspruchsfrei gehalten werden kann, sachlich zu begründen.

Anhang A-1: Annahmen der "Bewertungs- und Aggregationsverfahren"

Bei diesen Verfahren ist im Gegensatz zu der eingangs (Abschnitt 1) beschriebenen Situation orthogonaler Vektoren die Annahme der linearen Unabhängigkeit der Vektoren aufgehoben, was durch Verwendung der Summenformel (!) für Vektoren erreicht wird. So wird z.B. in Abb. 1 ein dritter Vektor (c) eingeführt:
c = [a, b] = a [0, 1] + b [1, 0] .
Graphisch entspricht dieser Vektor dem Pfeil durch den Ursprung nach P (Abb.1a).

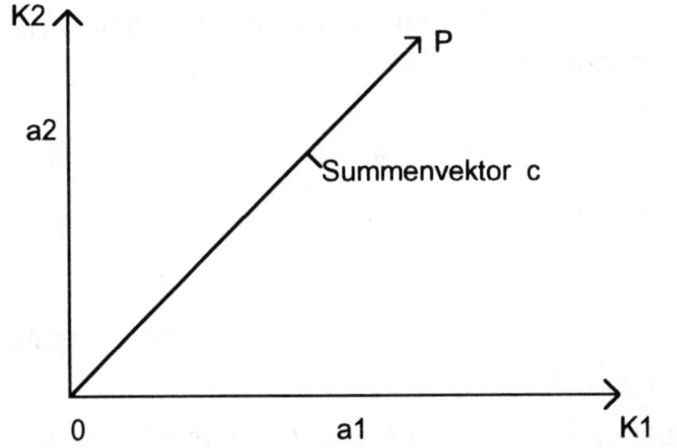

Abb. 9: Summenvektor in Abb. 1

Damit ist eine sog. Linearkombination von Vektoren hergestellt (d.h. eine Kombination, die man durch Addition von Vektoren und Multiplikation von Skalaren mit Vektoren erreicht), und es gilt jetzt, daß die ehemals unabhängigen Vektoren a_1 und a_2 voneinander abhängig sind, wie man leicht an der Bestimmungsgleichung $a_2 = \frac{a_2}{a_1} a_1$ sieht. Das Steigungsmaß $tg\alpha = \frac{a_2}{a_1}$ ist gewissermaßen ein Umrechnungskurs für Transformationen von a_1 in a_2 und umgekehrt.

Hiermit hat man den Schritt zu der generellen Annahme der Substituierbarkeit und damit den Übergang zu den "Bewertungs- und Aggre-

gationsverfahren" mit ihrer linear-additiven Verknüpfung von Merkmalsausprägungen vollzogen, wie die folgenden Ausführungen zeigen.
Kennzeichnend für diese Fiktion ist die fixe Idee, für Kombinationen verschiedenartiger (physischer) Güter nach einer gemeinsamen Recheneinheit, einem numéraire, suchen zu müssen. Bestimmt man eines der Güter als Einheit, kann man alle anderen Güter in Mengen dieser Einheit umrechnen.

Beispielsweise kann man eine bestimmte Menge (m_1) Äpfel und eine bestimmte Menge (m_2) Birnen wahlweise in eine fiktive Menge Äpfel M_1 oder Birnen M_2 umrechnen, wenn man die Recheneinheit auf dem Wege einer Mengenrelation zwischen Äpfeln und Birnen bestimmt: es bedarf also einer Relation, die z.B. angibt, wieviele Einheiten (g_2) Äpfel einer Einheit Birnen entsprechen: $g_2 \, m_2 = m_1$.

Mit Hilfe des Umrechnungsfaktors $g_2 = \frac{m_1}{m_2}$ kann man nun die fiktive Menge Äpfel M_1 bestimmen: $M_1 = m_1 + (g_2 m_2)$. Umgekehrt bedarf es eines Umrechnungsfaktors $g_1 = \frac{m_2}{m_1}$ um die fiktive Mengen Birnen M_2 zu bestimmen: $M_2 = m_2 + (g_1 m_1)$. Ändert sich der Umrechnungsfaktor, ändern sich auch die fiktiven Mengen.
Die Klammerausdrücke $(g_2 m_2)$ und $(g_1 m_1)$ repräsentieren nicht physische Mengen von Äpfeln und Birnen, sondern stellen Verrechnungseinheiten dar (etwa im Sinne von Gutscheinen, die wahlweise für Äpfel oder Birnen eingelöst werden können). Hat man solche Verrechnungseinheiten erst einmal kreiert, kann man sich auch ausschließlich auf der Ebene der Verrechnungseinheiten bewegen. In unserem Beispiel wird dies durch die folgende Gleichung erreicht:

$$N = (g_1 m_1) + (g_2 m_2) \quad . \qquad (1)$$

Die Menge N der Verrechnungseinheiten erlaubt eine Vielzahl von Kombinationen von Äpfeln und Birnen, eine andere Menge von Verrechnungseinheiten erlaubt eine andere Vielzahl von Kombinationen. Der gesamte Möglichkeitsraum der Kombinationen von Äpfeln und Birnen läßt sich also nach Klassen von Verrechnungseinheiten ordnen.

Alle Kombinationen, die durch eine bestimmte Menge Verrechnungseinheiten ermöglicht werden, bilden eine Klasse.

Diese formale Betrachtungsweise ist für die Mikroökonomie und die ihr verbundene Entscheidungstheorie traditionell von fundamentaler Bedeutung, wie das folgende Beispiel der "Nutzbarmachung" zeigt. Die Symbole m_1 und m_2 stehen nun nicht mehr für die Güter Äpfel und Birnen, sondern für bestimmte Mengenangaben für zwei verschiedene Merkmale von Objekten/Optionen. Ein Objekt/eine Option ist charakterisiert durch eine bestimmte Kombination der Mengenangaben ("Merkmalsausprägungen"). Für ein Objekt/eine Option P_i (i = 1,...,n) gelte nach obigem Muster die Gleichung

$$N_i = (g_1 m_{i1}) + (g_2 m_{i2}) \qquad (2)$$

Die oben behandelten Umrechnungsfaktoren (g_1,g_2) werden im allgemeinen "Gewichte" genannt, die Menge der Verrechnungseinheiten werden mit Namen wie "Nutzenindex", "Nutzwert", "Ophelimitätsindex" oder "score" belegt, und die gesamte Gleichung wird als "Indifferenzfunktion", "Präferenzfunktion" oder "Nutzwertfunktion" bezeichnet.

Die durch die Gleichung repräsentierte Funktion kann in dem hier unterstellten 2-Kriterien-Fall im m_1/m_2 -Quadranten als eine Schar von (parallelen) Geraden dargestellt werde (Abb. 2b). Nach m_2 umgeformt ergeben sich für eine bestimmte Gerade die Gleichungen:

$$m_2 = \frac{N}{g_2} - \frac{g_1}{g_2} m_1 \qquad (3)$$

und

$$\frac{dm_2}{dm_1} = -\frac{g_1}{g_2} = tg\alpha \qquad (4)$$

Man sieht, daß das Mengenverhältnis von Veränderungen der Kriterienausprägungen dem umgekehrten Verhältnis der Gewichte entspricht. Das negative Vorzeichen gibt an, daß m_2 abnimmt, wenn m_1 zunimmt.
Durch die Gewichtung wird, wie ersichtlich,die Steigung der Geraden bestimmt.

Die zu vergleichenden Objekte/Optionen (P_i) können graphisch als Punkte auf den Geraden mit den Koordinaten m_{i1}/m_{i2} dargestellt werden.

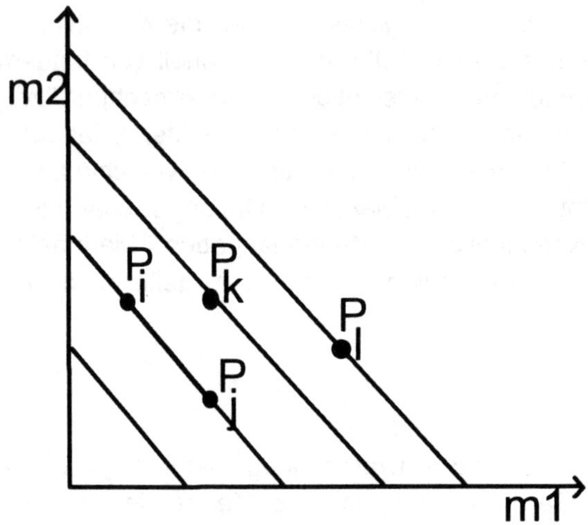

Abb. 10: Schar von Indifferenzgeraden in Abb. 2

Damit kann ein Verhaltenspostulat des homo oeconomicus verdeutlicht werden. Er unterscheidet nach Indifferenz und Präferenz. Indifferenz liegt vor, wenn er sich zwischen zwei Objekten/Optionen (P_i, P_j) nicht entscheiden kann. Dieser Fall ist gegeben, wenn die beiden Objekte/Optionen durch zwei verschiedene Punkte auf ein und derselben Geraden beschrieben werden können. Obwohl sich die Mengenkombinationen (Kriterienausprägungen) unterscheiden, werden die beiden Objekte/Optionen als gleichrangig angesehen, weil sie den gleichen Nutzenindex aufweisen, was, wie oben erläutert, bedeutet, daß sie derselben Klasse von Verrechnungseinheiten angehören.

Präferenz liegt vor, wenn eine Entscheidung zugunsten des/r einen oder anderen Objekts/Option möglich ist. Dieser Fall ist gegeben, wenn die beiden Objekte/Optionen durch Punkte auf zwei verschiedenen Geraden beschrieben werden können (z.B. P_k, P_l). Bevorzugt wird dasjenige

Projekt/diejenige Option, das/die einem Punkt auf einer weiter rechts/oben liegenden Geraden entspricht (P_I), was bedeutet, daß das Projekt/die Option einer höheren Klasse von Verrechnungseinheiten angehört.

Würde man - wie in der Mikroökonomie üblich - anstelle einer Schar von Geraden eine Schar von (konkav zum Ursprung gekrümmter) Kurven (Indifferenzkurven) betrachten, würde sich am Entscheidungsprinzip nichts ändern. Die Geraden resultieren aus der Annahme eines einzigen Umrechnungsfaktors bzw. aus den konstanten "Gewichten"(g_1, g_2). Die Indifferenzkurven implizieren variable Gewichte (Umrechnungsfaktoren).

Die Bestimmung von Gewichten wird im allgemeinen nicht als prinzipielles Problem angesehen, da die traditionelle Mikroökonomie von der bequemen Annahme ausgeht, die individuellen Nutzenfunktionen seien "gegeben", jedes Individuum habe also gewissermaßen seine Schar von Indifferenzkurven im Kopf und könnte die Gewichte vor seinem geistigen Auge ablesen.

Praktisch begnügt man sich mit konstanten Gewichten und scheint mit deren Bestimmung tatsächlich wenig Probleme zu haben. Lange Kataloge von Kriterien (verschiedenster Skalierung!) werden von "Experten" mit Prozent- oder Promillesätzen bedacht. Dies ist nach weitverbreiteter Auffassung "Gewichtung" und "Abwägung" zugleich.

Stellt man das Gewichtungsverfahren als Lösung des sogenannten Eigenwertproblems dar, wird schnell klar, daß es so einfach wohl doch nicht gehen kann.

Das Eigenwertproblem kann wie folgt beschrieben werden (Zurmühl, 1964, 146ff):

$$Qg = \lambda g \quad , \qquad (5)$$

wobei λ einen Skalar darstellt. Gesucht ist der (mindestens ein) Vektor der Gewichte g, der nicht null ist und auch keine negativen Elemente enthält.

Für n Kriterien hat die Matrix Q folgendes Aussehen:

$$Q = \begin{bmatrix} \frac{g_1}{g_1} & \frac{g_1}{g_2} & \dots & \frac{g_1}{g_n} \\ \frac{g_2}{g_1} & \frac{g_2}{g_2} & \dots & \frac{g_2}{g_n} \\ \vdots & \vdots & & \vdots \\ \frac{g_n}{g_1} & \frac{g_n}{g_2} & \dots & \frac{g_n}{g_n} \end{bmatrix}$$

Die Matrix Q enthält $z = \frac{n(n-1)}{2}$ paarweise Vergleiche der Gewichte. Da die Anzahl der paarweisen Vergleiche mit wachsender Anzahl der Kriterien quadratisch zunimmt, stößt der Experte schnell an die Grenzen seiner kognitiven Leistungsfähigkeit und kann die Widerspruchsfreiheit seiner Entscheidungen nicht mehr gewährleisten.

Die Widersprüchlichkeit äußert sich in Verstößen gegen die Transitivitätsbedingung, die sich in vorliegendem Zusammenhang als intransitive (zyklische) Triaden erkennen lassen. Im folgenden 3-Kriterien-Beispiel (Hwang&Yoon, 1981, 43) enthält die Matrix Q_1

$$Q_1 = \begin{bmatrix} 1 & \frac{1}{3} & \frac{1}{2} \\ 3 & 1 & 3 \\ 2 & \frac{1}{3} & 1 \end{bmatrix}$$

zwei solcher Triaden. Wenn die Verhältnisse $\frac{g_1}{g_2} = \frac{1}{3}$ und $\frac{g_1}{g_3} = \frac{1}{2}$ bestimmt werden, folgt für das Verhältnis $\frac{g_2}{g_3}$ logischerweise $\frac{g_2}{g_3} = \frac{3}{2}$ (anstatt: 3), bzw. $\frac{g_3}{g_2} = \frac{2}{3}$ (anstatt: 1/3).

Die widerspruchsfreie Matrix (Q_2) muß demnach lauten:

$$Q_2 = \begin{bmatrix} 1 & \frac{1}{3} & \frac{1}{2} \\ 3 & 1 & \frac{3}{2} \\ 2 & \frac{2}{3} & 1 \end{bmatrix}$$

Die durch Umformung von (5) erhaltene Matrix ($Q - \lambda I$) wird die "charakteristische Matrix" der Matrix Q genannt. Als homogenes Gleichungssystem besitzt es genau dann nichttriviale Lösungen, wenn seine Koeffizientendeterminante, die sogenannte charakteristische Determinante, null ist:

$$D(\lambda) = \det(Q - \lambda I) = 0 \quad . \tag{8}$$

Als Lösungsvektor ergibt sich der Vektor der Gewichte

$g = [g_1 , g_2 , g_3] = [0{,}17; 0{,}50; 0{,}33]$.

Dieser Lösungsvektor kann auch ermittelt werden, indem man die Spaltensummen der Matrix (Q_2) normiert, die jeweiligen Zeilensummen bestimmt und diese normiert.
Für die Matrix Q_1 ergibt sich der im nachfolgenden Zahlenbeispiel verwendete Vektor der Gewichte: [0,16; 0,59; 0,25).

Die Matrix Q ist nur dann widerspruchsfrei (konsistent), wenn der maximale Eigenwert λ_{max} der Anzahl (n) der Kriterien entspricht: $\lambda_{max} = n$.
Abweichungen von diesem Idealfall (departure from consistency) kennzeichnet der Konsistenzindex $c = \frac{\lambda_{\max} - n}{n-1}$ als (negativer) Durchschnitt der Eigenwerte $\lambda_i = 2,...,n$ (Saaty, 1981, 151; Weber, 1993, 95).
Der Konsistenzindex ist also positiv, wenn die Matrix intransitive Triaden aufweist (Saaty, 1981, 150).

Für Q_2 gilt, da jetzt widerspruchsfrei: $c = \frac{3-3}{2} = 0.$

Für Q_1 beträgt c = 0,03, wie die folgende Berechnung zeigt:

$$\begin{bmatrix} 1 & \frac{1}{3} & \frac{1}{2} \\ 3 & 1 & 3 \\ 2 & \frac{1}{3} & 1 \end{bmatrix} \cdot \begin{bmatrix} 0,16 \\ 0,59 \\ 0,25 \end{bmatrix} = \begin{bmatrix} 0,48 \\ 1,82 \\ 0,77 \end{bmatrix};$$

$$\begin{bmatrix} 0,48/0,16 \\ 1,82/0,59 \\ 0,77/0,25 \end{bmatrix} = \begin{bmatrix} 3,00 \\ 3,09 \\ 3,08 \end{bmatrix}$$

$$\sum 9,17$$

λ_{max} = 9,17/3 = 3,06; c = (3,06 - 3/3 -1) = 0,03.

Saaty´s zufallsgesteuerte Tests zeigen, daß sich Inkonsistenzen bereits bei einer 3x3-Matrix einstellen: "We have for different order random matrices and their average consistencies:

Size of matrix	1	2	3	4	5	6	7	8	9	10
Random consistency	0.00	0.00	0.58	0.90	1.12	1.24	1.32	1.41	1.45	1.49 "

(Saaty, 1981, 151).

Daran knüpft er die bemerkenswerte Empfehlung, über Matrizen der Größenordnung 7x7 möglichst nicht hinauszugehen (ebda). Vgl. hierzu die These von Arrow/Raynaud, s.o. Kapitel 4, 16.

Die Widersprüche in der Gewichtungsmatrix Q zu entdecken und zu beseitigen, ist ein Problem - schwierig genug, wenn man an Kriterienkataloge mit 10, 15 oder 20 Kriterien und die entsprechenden paarweisen Vergleiche (z = 45 bzw. 105 bzw. 190) denkt.

Ein anderes Problem resultiert aus dem oben beschriebenen Sachverhalt der implizierten (reziproken) Mengenverhältnisse. Die Mengenverhältnisse kann man nach dem gleichen Verfahren überprüfen, indem man von der Matrix R ausgeht:

$$R = \begin{bmatrix} \frac{m_1}{m_1} & \frac{m_1}{m_2} & \dots & \frac{m_1}{m_n} \\ \frac{m_2}{m_1} & \frac{m_2}{m_2} & \dots & \frac{m_2}{m_n} \\ \vdots & \vdots & \dots & \vdots \\ \frac{m_n}{m_1} & \frac{m_n}{m_2} & \dots & \frac{m_n}{m_n} \end{bmatrix}$$

Da die Matrix R der transponierten Matrix der Matrix Q entspricht, ist vollkommene Widerspruchsfreiheit erst erreicht, wenn gilt:

$$R = Q^T \cdot \qquad (7)$$

Die Lösungen des Eigenwertproblems sind zwar Lösungen, aber Lösungen des falschen Problems. Um diese Behauptung verstehen zu können, muß auf die Annahme der Kommensurabilität von Gütern, die die theoretische Begründung der Verrechenbarkeit verschiedener Gütermengen oder Kriterienausprägungen liefert, eingegangen werden. Physische Güter haben Eigenschaften (properties), die sich durch physikalische oder chemische Maße beschreiben lassen. *Eine* Eigenschaft haben sie allerdings nicht: die Eigenschaft "Nutzen". Dieser Begriff ist eine Attribution oder "Zuschreibung" mit dem Zweck, für die verschiedenen Eigenschaften eines Gutes eine repräsentative Maßgröße zu kreieren. Gäbe es diese Maßgröße, könnte die Auswahl von Gütern nach der Menge der Nutzeneinheiten erfolgen, unabhängig davon, um welche Güter es sich im einzelnen handelte und welche Eigenschaften sie hätten. Dieser Vorstellung frönt die traditionelle Mikroökonomie noch immer, unter der Einschränkung, daß die Nutzenzuschreibungen eine individuelle Angelegenheit und daher interpersonell nicht vergleichbar sei.

So gesehen sind in der Entscheidungstheorie die oben behandelten "Gewichte" als auf Nutzenvorstellungen und Nutzenzuschreibungen gründende Austauschverhältnisse zwischen Gütern bzw. Merkmalsausprägungen zu verstehen, die, wie oben erläutert, zur Herstellung eines Nutzenindex´ verwendet werden. Wenn in diesem Zusammenhang von "Bewertungs- und Aggregationsverfahren" gesprochen wird, ist meistens nichts anderes gemeint als die Bildung eines gewogenen arithmetischen Mittels auf der Grundlage selbstgewählter Gewichte bzw. Umrechnungsfaktoren.

Was ist daran auszusetzen? Kurz gesagt, der homo oeconomicus verhält sich so nicht, weil er sich nicht so verhalten kann. Er kann nicht so tun, als könnte er eine Menge Güter Gut für Gut isoliert betrachten, weil auch die Zweckbestimmung der Güter nicht jeweils unabhängig voneinander gesehen werden kann. Die individuelle Zweckbestimmung von Gütern wird nicht durch ein unverbundenes Nebeneinander (Gemenge) von Wünschen, den sogenannten Bedürfnissen, sondern durch eine bestimmte Konfiguration von Wünschen ausgedrückt. Georgescu-Roegen (1954, 197) spricht daher von einem "mosaic of wants" und betont unter Hinweis auf den Klassiker Menger "... there is no one-to-one correspondence between w a n t s and g o o d s (Hervorhebung im Original). Die Menge der Wünsche kann als "teilweise geordnete Menge" aufgefaßt und in Form eines sogenannten Hasse-Diagramms dargestellt werden (Birkhoff, 1964, 6; Rödding, 1975, 26).
Wie die Vielfalt der Wünsche im einzelnen auch aussehen und welche Anordnung (Zuordnung, Über- und Unterordnung) man auch für zutreffend erachten mag, auf die Idee eines Basiswunsches, auf welchen man alle Einzelwünsche zurückführen kann, kann man schwerlich verfallen, obwohl "other neoclassical economists, including the founders of marginal utility theory, presented their arguments in a manner which veiled the passage from a theory of many wants to that of a unique want to which all others could be reduced. For this is in fact what u t i l i t y represents; the commom essence of all wants, the unique want into which all wants can be merged ... But not a l l human wants can be reduced to a commom basis ... the P r i n c i p l e o f I r r e d u c i b i l i t y o f W a n t s seems to have escaped the attention of neoclassical economists." (Georgescu-Roegen, 1954, 195; Hervorhebung im Original).

Die Konsequenz dieser Kritik ist, daß die Wünsche als komplementär zu betrachten sind, wobei die Erfüllung jedes Wunsches grundsätzlich von der Menge aller Güter abhängt. Sei $\underline{w} = [w_1 , \ldots , w_i]$ der i-Tupel der Wünsche und $\underline{m} = [m_1 , \ldots ,m_j]$ der j-Tupel der Güter, kann die Zuordnung von Wünschen zu Gütern durch das folgende Gleichungssystem beschrieben werden:

$$\underline{w} (\underline{m}) = [w_1 (\underline{m}), \ldots , w_i (\underline{m})] . \qquad (8)$$

Stellt sich dem homo oeconomicus die Entscheidungssituation auf diese Weise, muß er seine Präferenzen entsprechend äußern. Bleiben wir bei dem Beispiel von Äpfeln und Birnen. Das Problem sei, sich zwischen zwei Mengenkombinationen von Äpfeln $a = [m_{11} , m_{12}]$ und $b = [m_{21} , m_{22}]$ zu entscheiden. Er habe drei Wünsche:

Der erste Wunsch sei, eine möglichst große Menge eines bestimmten Vitamins (v) zu erreichen. Formal ausgedrückt lautet der Wunsch
$w_1 (\underline{m}) = \max[(v_1 m_1) + (v_2 m_2)]$, wobei v_1 und v_2 den Vitamingehalt in Form eines Koeffizienten bezeichnen.
Der zweite Wunsch sei, möglichst viele Birnen zu haben, weil sie ihm besser schmecken als Äpfel: $w_2 (\underline{m}) = \max[m_2]$.
Der dritte Wunsch sei, die Menge der Schadstellen (Druckstellen, Wurmstiche) möglichst klein zu halten. Mit s_1 und s_2 als Schadstellenkoeffizienten gelte:
$w_3 (\underline{m}) = \min [(s_1 m_1) + (s_2 m_2)]$.

In der Entscheidungstheorie werden die Wüsche "Ziele" genannt und durch verschiedene Zielfunktionen beschrieben. Die Zielfunktionen werden durch ausgewälte Merkmale ("Kriterien"; im Beispiel $(v_i m_i)$, $(m_i = m_2)$ und $(s_i m_i)$) definiert.
Faßt man die Ziele als sogenannte Nebenbedingungen im Sinne von Höchst- und Mindestbedingungen auf, so wird durch die Gesamtheit der Beschränkungen (constraint set) der Möglichkeitsbereich (feasible set) für die Zielsetzungen bestimmt. Die Grenzen des Möglichkeitsbereiches (Gradient) setzen sich in graphischer Darstellung (z.B. nach dem Prinzip der in der linearen Programmierung verwendeten Simplex-Methode) aus verschiedenen Teilen (Segmenten) der Beschränkungen zusammen. Die

Zielkonflikte äußern sich darin, daß die gleichzeitige Erfüllung aller Beschränkungen nicht möglich ist bzw. insbesondere in der Erkenntnis, daß bestimmte Ziele nur auf Kosten anderer Ziele, d.h. unter Inkaufnahme von Einbußen bei anderen Zielen, erreichbar sind. Dieses als sogenanntes Vektor-Maximum-Problem bekannte Dilemma ist das Essentielle an der multikriteriellen Entscheidungstheorie.

Jeder Versuch, durch die Kreation einer Nutzenfunktion, d.h. mit Hilfe einer "Super-Zielfunktion", in welcher alle Einzelziele als Elemente enthalten und im Regelfall mit Hilfe konstanter Gewichte linear-additiv verknüpft sind (nach dem Muster von Gleichung (2)), eine ("optimale") Entscheidung herbeizuführen, widerspricht der tatsächlichen Problemstellung und macht die ihr entsprechende Heuristik wieder zunichte.

Die multikriterielle Entscheidungstheorie ist per se multikriteriell und eben nicht monokriteriell, das heißt der Versuch, mit Hilfe der Fiktion eines gemeinsamen Nutzenmaßstabs ein multikriterielles Entscheidungsproblem auf ein monokriterielles zurückzuführen, ist epistemisch falsch. In der Sprache der Matrixalgebra ausgedrückt, geht es nicht darum Vektoren in Skalare umzurechnen, sondern Vektoren als Vektoren zu behandeln und in eine Ordnung zu bringen. Dies kann erreicht werden, wenn der Entscheidungsvorgang als ein planvolles Verfahren der Sondierung und expliziten Abwägung von Vorteilen und Nachteilen aufgefaßt und organisiert wird (siehe hierzu Kapitel 3 und 5).

A-2: Verborgene Widersprüchlichkeit einer Gruppenentscheidung: ein Beispiel

(1) Eingabematrix

Die Eingabematrix enthält die Rangfolgen für p Optionen von m Mitgliedern.
Beispiel: 7 Optionen (P_1, . . . , P_7), 21 Mitglieder (M_1, . . . , M_{21}) und 21 Rangfolgen (Rangziffern 1 bis 7).

	M_1	M_2	M_3	M_4	M_5	M_6	M_7	M_8	M_9	M_{10}	M_{11}	M_{12}	M_{13}	M_{14}	M_{15}	M_{16}	M_{17}	M_{18}	M_{19}	M_{20}	M_{21}
P_1	5	5	2	7	6	5	6	1	3	3	3	3	7	1	6	3	7	3	3	2	7
P_2	6	4	3	3	1	1	2	6	7	2	4	2	2	2	1	7	6	5	4	1	6
P_3	4	7	4	2	3	2	3	5	1	1	5	7	3	4	2	6	5	1	7	3	2
P_4	1	3	7	5	7	4	5	4	4	4	6	6	6	6	3	1	3	2	1	6	5
P_5	2	2	6	4	4	3	1	3	2	5	7	5	5	7	4	2	1	6	2	4	1
P_6	3	1	5	1	5	7	7	2	6	7	2	4	1	3	7	4	2	4	5	5	4
P_7	7	6	1	6	2	6	4	7	5	6	1	1	4	5	5	5	4	7	6	7	3

(2) Prüfung der individuellen Rangreihen auf Widerspruchsfreiheit. Im Normalfall, d.h. wenn die Eingabematrix fehlerfrei ist, kann für jedes Mitglied eine (gefilterte) Dreiecksmatrix (als Ausdruck der sogenannten transitiven Hülle) erstellt werden:
Filterung: (n[i,j]>n[j,i] = 1, sonst 0).

Beispiel Mitglied M_1: In der Kopfzeile und in der Kopfspalte der Dreecksmatrix sind die Optionen in der Rangfolge des Mitglieds aufgeführt. Transitive Beziehungen sind durch 1 gekennzeichnet.

	P_4	P_5	P_6	P_3	P_1	P_2	P_7
P_4	•	1	1	1	1	1	1
P_5	0	•	1	1	1	1	1
P_6	0	0	•	1	1	1	1
P_3	0	0	0	•	1	1	1
P_1	0	0	0	0	•	1	1
P_2	0	0	0	0	0	•	1
P_7	0	0	0	0	0	0	•

Die Addition der m (=21) Matrizen ergibt eine Gesamtmatrix, für die hier die Bezeichnung Abstimmungsmatrix beibehalten wird.

(3) Abstimmungsmatrix

	P_1	P_2	P_3	P_4	P_5	P_6	P_7
P_1	•	9	9	9	8	13	11
P_2	12	•	12	12	12	10	14
P_3	12	9	•	14	12	10	13
P_4	12	9	7	•	8	9	13
P_5	13	9	9	13	•	12	15
P_6	8	11	11	12	9	•	11
P_7	10	7	8	8	6	10	•

(4) Triangulierung: Bestimmung der widerspruchärmsten Reihenfolge der Optionen durch Umsortieren (Permutationen) von Zeilen und Spalten

Beispiel: Ergebnisreihenfolge: P_2 P_5 P_6 P_3 P_4 P_1 P_7 .

(5) Triangulierte Abstimmungsmatrix:

	P_2	P_5	P_6	P_3	P_4	P_1	P_7	$S_1(Z)$	$S_2(Z)$	R(P)
P_2	•	12	10	12	12	12	14	72	72	1
P_5	9	•	12	9	13	13	15	71	62	2
P_6	11	9	•	11	12	8	11	62	42	3
P_3	9	12	10	•	14	12	13	70	39	4
P_4	9	8	9	7	•	12	13	58	25	5
P_1	9	8	13	9	9	•	11	59	11	6
P_7	7	6	10	8	8	10	•	49	0	7
$S_1(S)$	54	55	64	56	68	67	77	441	251	
$S_2(S)$	54	43	42	24	17	10	0	190	441	

S_1 (Z): Zeilensumme
S_2 (Z): Zeilensumme oberhalb der Diagonalen
S_1 (S): Spaltensumme
S_2 (S): Spaltensumme unterhalb der Diagonalen
R(P): Rangordnung

(6) Kennziffern

Linearitätsgrad (γ) der triangulierten Abstimmungsmatrix C = (c_{ij}):

$$\gamma = \frac{\sum_{i>j} |c_{ij}|}{\sum_{i \neq j} |c_{ij}|}; \quad 0{,}5 \leq \gamma \leq 1 \quad .$$

Im Beispiel ist γ = 0,57.

Interdependenzgrad der Matrix C:

$$\delta := 2 \cdot (1-\gamma); \quad 0 \leq \delta \leq 1 \quad .$$

Im Beispiel ist δ = 0,86.

Vollkommene Linearität der Matrix (nur Nullen unterhalb der Diagonalen) ist gekennzeichnet durch γ = 1 und δ = 0.
Vollkommene Interdependenz (Zirkularität) ist gekennzeichnet durch γ = 0,5 und δ = 1.

Bildet man aus den Für- und Gegenstimmen der Abstimmungsmatrix Verhältnisse in Analogie zu einer Matrix Q (siehe hierzu oben A-1), so kann als eine weitere Kennziffer der Konsistenzkoeffizient $c = \lambda_{max} - n/n-1$ berechnet werden. Dieser Koeffizient beträgt $c = 6{,}14 - 7/6 = (-)0{,}14$. Da dieser Koeffizient auch auf Intransitivitäten (zyklische Triaden) reagiert, weist er zutreffenderweise auf Widersprüchlichkeiten (Inkonsistenzen) hin.

(7) Verdeutlichung von Widersprüchen durch Filterung (n[i,,j] > n[j,i] = 1, sonst 0).

Beispiel: Gefilterte triangulierte Abstimmungsmatrix für einfache Mehrheitsregel:

	P_2	P_5	P_6	P_3	P_4	P_1	P_7
P_2	•	1	0	1	1	1	1
P_5	0	•	1	0	1	1	1
P_6	1	0	•	1	1	0	1
P_3	0	1	0	•	1	1	1
P_4	0	0	0	0	•	1	1
P_1	0	0	1	0	0	•	1
P_7	0	0	0	0	0	0	•

(8) Zyklische Triade(n)

Beispiel: Es gibt 4 zyklische Triaden:

P_6 P_2 P_5 P_6
P_3 P_5 P_6 P_3
P_1 P_6 P_3 P_1
P_1 P_6 P_4 P_1 .

Literatur

Arrow, K.J.; Raynaud, H. (1986): Social Choice and Multicriterion Decision-Making. Cambridge, Mass., London.

Bartnick, J. (1983): Bewertung und Kompromißbildung. Eine Weiterentwicklung der Nutzwertanalyse mit Beispielen aus der Raumplanung. Baden-Baden (Nomos).

Bartnick, J. (1991): Ein Maß für die Interdependenz ökonometrischer Gleichungssysteme und Verfahren zur Ermittlung blockrekursiver Strukturen. Diskussionspapier Nr. 166, Fachbereich Wirtschaftswissenschaft der FernUniversität Hagen. Hagen.

Bechmann, A. (1980): Nutzwertanalyse, Bewertungstheorie und Planung. Bern (Haupt).

Benayoun, R.; de Montgolfier, J; Tergny, J.; Larichev, O. (1971): Linear Programming with Multiple Objective Functions: Step Method (STEM). Mathematical Programming 1 (3), 366-375.

Baehr, H.D. (1974): Physikalische Größen und ihre Einheiten. Studienbücher Naturwissenschaft und Technik. Düsseldorf (Bertelsmann).

Birkhoff, G. (1964): Lattice Theory. Ann Arbor, Mich.(Am. Math. Soc.).

Brandenberger, H./Müller, R./ Nessler, A. (1975): Einführung in das Internationale Einheitensystem. Rüti (Vebra).

Colerus, E. (1989): Vom Einmaleins zum Integral. Wien (Weltbild).

DIN 1319 (1985): Grundbegriffe der Meßtechnik. Teil 1: Messen, Zählen, Prüfen. Berlin/Köln (Beuth).

Eekhoff, J. (1981): Verstärkte Wirkungsanalysen als Alternative zur "Perfektionierung" der Nutzwertanalyse. In: Heidemann,C./Eekhoff, J./Strassert, G. (1981): Kritik der Nutzwertanalyse. Diskussionspapier des Instituts für Regionalwissenschaft der Universität Karlsruhe, Nr.11,19-37. Karlsruhe.

Enderlein, W. (1992): Abwägung in Recht und Moral. Freiburg/München (Alber).

Engels, W. (1962): Betriebswirtschaftliche Bewertungslehre im Licht der Entscheidungstheorie. Köln/Opladen (Westdeutscher Verlag).

Fishburn, P.C.; Gehrlein, W.V.; Maskin, E. (1979): Condorcet´s proportions and Kelly´s conjecture. Discrete Applied Mathematics 1, 229-252.

Fleischmann, R. (1959/60): Einheiteninvariante Größengleichungen, Dimensionen. Der Mathematische und Naturwissenschaftliche Unterricht, 12. Jg., H.9, 385-399; 443-458.

Gassner, E. (1993): Methoden und Maßstäbe für die planerische Abwägung. Theorie und Praxis abgeleiteter Bewertungsnormen. Köln (Bundesanzeiger Verlagsgesellschaft).

Gäfgen, G. (1968): Theorie der wirtschaftlichen Entscheidung. Untersuchung zur Logik und ökonomischen Bedeutung des rationalen Handelns.Tübingen (Siebeck).

Georgescu-Roegen, N. (1954): Choice, Expectations and Measurability. Quarterly Journal of Economics LXVIII, 503-534.

Gilbaud, G. Th. (1968): Eléments de la Théorie Mathématique des Jeux. Paris.

Goicoechea, A./Duckstein, L./Zionts, S. (1992): Multiple Criteria Decision Making. Proceedings of the Ninth Interantional Condrence: Theory and Applications in Business, Industry, and Government. New York (Springer).

Gottinger, H.-W. (1970): Methodologische Entwicklungen in der Meßtheorie. Jahrbücher für Nationalökonomie und Statistik, Bd. 184, 126-158.

Grauer, M.; Wierzbicki, A.P. (Eds.) (1984): Interactive Decision Analysis. Lecture Notes in Economics and Mathematical Systems 229. Berlin, Heidelberg, New York (Springer).

Gutjahr, W. (1977): Die Messung psychischer Eigenschaften. Köln (Deutscher Verlag der Wissenschaften).

Haas, G. (1984): Konstruktive Einführung in die formale Logik. Mannheim/Wien/Zürich (B.I.-Wissenschaftsverlag).

Hal R.A./Hammond, K.R. (1986): Judgement and decision making: An interdisciplinary reader. Cambridge/USA (Cambridge University Press).

Heidemann, C. (1981): Die Nutzwertanalyse: Ein Beispiel für Magien und Mythen in der Entscheidungsdogmatik. In: Heidemann,C./Eekhoff, J./Strassert, G. (1981): Kritik der Nutzwertanalyse. Diskussionspapier des Instituts für Regionalwissenschaft der Universität Karlsruhe, Nr.11,19-37. Karlsruhe.

Hellwig, G. (1988): Lexikon der Maße und Gewichte von A - Z. Gütersloh (Bertelsmann).

Hochstrate, K. (1986) Interaktives lösungsraumorientiertes Entscheidungsverfahren für Infrastrukturinvestitionen. Heft 19 der Schriftenreihe des Instituts für Städtebau und Landesplanung der Universität Karlsruhe. Karlsruhe.

Hwang, Ch.L.; Yoon, K. (1981): Multiple Attribute Decision-Making-Methods and Applications. A State-of-the-Art Survey. Lecture Notes in Economics and Mathematical Systems 186. Berlin, Heidelberg, New York (Springer).

Ibler, M. (1988): Die Schranken planerischer Gestaltungsfreiheit im Planfeststellungsrecht. Berlin (Duncker & Humblot).

Isermann, H. (1979): Strukturierung von Entscheidungsprozessen bei mehrfacher Zielsetzung. OR Spektrum 1, 3-26.

Jungermann, H. (1986): The two camps of rationality. In: Hal R.A./Hammond, K.R. (1986): Judgement and decision making: An interdisciplinary reader. Cambridge/USA (Cambridge University Press), 627-641.

Kamlah, W./Lorenzen P. (1967): LOGISCHE PROPÄDEUTIK oder Vorschule des vernünftigen Redens. Mannheim (Bilbliographisches Institut).

Kleine Enzyklopädie: Mathematik (1972): Frankfurt/M und Zürich (Deutsch).

Köhl, W. (1992): Auswahl von Optionen: Abwägen als planerisches Problem. Vermessungswesen und Raumordnung, Jg. 54, H.2+3, 92-99.

Köhl, W./Strassert. G (1993): Überprüfung der Standortwahl für ein Restmüll-Heizkraftwerk mit Gewerbemüllsortieranlage des Landkreises Esslingen. Institut für Städtebau und Landesplanung der Universität Karlsruhe. Karlsruhe.

Lootsma, F.A. (1980): Saaty´s priority theory and the nomination of a Senior Professor in Operations Research. In: European Journal of Operational Research 4, 380 - 388.

Luce, R.D./Narens. L. (1990): Measurement. In: Eatwell, J./Milgate, M./ Newman, P. (eds): Time Series and Statistics. New York (Norton).

Maier G./ Weiss, P. (1990): Modelle diskreter Entscheidungen. Theorie und Anwendung in den Sozial- und Wirtschaftswissenschaften. Wien u.a. (Springer).

March, J.G. (1982): Theorie of Choice and Making Decisions. Society, 20, 29-39.

Menges, G. (1974): Grundmodelle wirtschaftlicher Entscheidungen. Einführung in moderne Entscheidungstheorien unter besonderer Berücksichtigung volks- und betriebswirtschaftlicher Anwendungen. 2. Auflage. Düsseldorf (Westdeutscher Verlag)

Miller, G.A. (1956): The Magic Number Seven, Plus or Minus Two. Some Limits on Our Capacity for Processing Information. Psychological Review, 63, 81-97.

Narens, L. (1985): Abstract Measurement Theory. Cambridge, Mass.(MIT).

Nermuth, M. (1989): Aggregation of Qualitativ Data: The Exam Paradox. Vortragsmanuskript (Karlsruhe).

Niemi, R.G.; Weisberg, H.F. (1968): A mathematical solution for the probability of the paradox of voting. Behavioural Sciences 13, 317-323.

Orth, B. (1974): Einführung in die Theorie des Messens. Stuttgart u.a. (Kohlhammer).

Pfanzagl J. (1959): Die axiomatischen Grundlagen einer allgemeinen Theorie des Messens. Würzburg (Physika).

Rapoport, A. (1976): Kämpfe, Spiele und Debatten. Drei Konfliktmodelle. Darmstadt (Darmstädter Blätter).

Rapoport, A. (1988): Allgemeine Systemtheorie. Darmstadt (Darmstädter Blätter).

Rödding, W. (1975): Aggregation of Individual Preferencess. Göttingen (Vandenhoeck & Ruprecht).

Roy, B. (1980): Selektieren, Sortieren und Ordnungen mit Hilfe von Prävalenzrelationen: Neue Ansätze auf dem Gebiet der Entscheidungshilfe für Multikriteria-Probleme. Schmalenbachs Zeitschrift für betriebswirtschaftliche Forschung 32, 465-497.

Saaty, Th. L./Alexander J.M. (1981): Thinking with Models. Mathematical Models in the Physical, Biological and Social Sciences (Pergamon).

Saaty, Th. L. (1990): Multicriteria Decision Making. The Analytic Hierarchy Process for Decisions in an Complex World. Pittsburgh (RWS), 2nd ed.

Schader, M. (1978): Anordnung und Klassifikation von Objekten bei qualitativen Merkmalen. Meisenheim/Glan (Hain).

Schlicht, E. (1974): Die Theorie der kollektiven Entscheidung und der individualistische Ansatz. Leviathan, 2. Jg., 263-280.

Schönwandt, W. (1991): Anforderungen an ökologische Informationssysteme aus der Sicht von UVP-Bearbeitern. In: Schwabl, A. u.a.: (Hrg): Rechnerunterstützung für die Umweltverträglichkeitsprüfung. Berlin (Schmidt), 23-38.

Schneeweiß, C. (1991): Planung 1. Systematische und entscheidungstheoretische Grundlagen. Berlin u.a. (Springer).

Strassert, G./Thoss, R. (1971): Zum Problem der regionalwirtschaftlichen Bewertung von Unternehmen. In: Gesellschaft für Regionalforschung, Seminarberichte Nr. 5, 170 - 187.

Strassert, G. (1981): Bewertungshokuspokus durch Nutzwertanalyse. Kritik der Nutzwertanalyse. In: Heidemann,C./Eekhoff, J./Strassert, G. (1981): Kritik der Nutzwertanalyse. Diskussionspapier des Instituts für Regionalwissenschaft der Universität Karlsruhe, Nr.11,19-37. Karlsruhe.

Strassert, G. (1984) Entscheidung über Alternativen ohne Super-Zielfunktion schrittweise und interaktiv. Eine Neuorientierung multidimensionalerEntscheidungstechnik. Diskussionspapier des Instituts für Regionalwissenschaft der Universität Karlsruhe, Nr.14. Karlsruhe.

Strassert, G. (1991): Das Abwägungsproblem in der Entscheidungstheorie Gratwanderung zwischen Irrtum und Unmöglichkeit. Diskussionspapier des Instituts für Regionalwissenschaft der Universität Karlsruhe, Nr. 20. Karlsruhe.(Erweiterte Fassung des gleichnamigen Beitrags für die Festschrift "Sektorale und regionale Strukturpolitik (hrg. v. H. Birg und H.-J.Schalk) zum sechzigsten Geburtstag von Rainer Thoss; Münster 1993).

Strassert, G. (1992): Zur Methodik der Umweltverträglichkeitsprüfung (UVP). Kritik und Anforderungen. Rhein-Mainische Forschungen, H. 109, 17-44.

Tüshaus, U. (1983): Aggregation binärer Relationen in der qualitativen Datenanalyse. Königstein/Ts. (Athenäum/Hain/Hanstein).

Van der Ven, A. (1977): Einführung in die Skalierung. Stuttgart/Wien (Huber).

Velsinger, P. (1971): Entscheidungen ohne explizit formulierte Ziele bei unvollkommener Information. Untersuchung unter besonderer Berücksichtigung der Problematik der regionalpolitischen Entscheidungen. Forschungsberichte des Landes Nordrhein-Westfalen 2163. Opladen (Westdeutscher Verlag).

Voogd. H. (1983): Multicriteria Evaluation for Urban and Regional Planning. London (Pion).

Weber, K. (1993): Mehrkriterielle Entscheidungen. München/Wien (Oldenbourg).

Wendt, S. (1989): Nichtphysikalische Grundlagen der Informationstechnik. Interpretierte Formalismen. Berlin u.a. (Springer).

Winter, F.W. (1973): Die neuen Einheiten im Meßwesen. Essen (Girardet).

Zangemeister, Ch. (1976): Nutzwertanalyse in der Systemtechnik. Eine Methodik zur multidimensionalen Bewertung und Auswahl von Projektalternativen.4. Auflage. München (Wittemann).

Zimmermann, H.-J./ Gutsche, L. (1991): Multi-Criteria Analyse. Einführung in die Theorie der Entscheidungen bei Mehrfachzielsetzungen. Berlin u.a. (Springer).

Zurmühl, R. (1964): Matrizen und ihre technische Anwendung. Berlin, Göttingen, Heidelberg (Springer).

Reinhard Scharff

Regionalpolitik und regionale Entwicklungspotentiale

Eine kritische Analyse

Frankfurt/M., Berlin, Bern, New York, Paris, Wien, 1993. IV, 282 S.
Hohenheimer Volkswirtschaftliche Schriften. Bd. 18
Verantwortlicher Herausgeber: Klaus Herdzina
ISBN 3-631-46315-4 br. DM 84.--*

Die Ausgestaltung und die Ergebnisse der praktizierten deutschen Regionalpolitik geben für viele Anlaß zur Unzufriedenheit. In den letzten Jahren wurde daher eine Umorientierung der Regionalpolitik auf eine Integration der Konzeption der regionalen Entwicklungspotentiale vorgeschlagen und eingeleitet. In der vorliegenden Arbeit wird das Konzept der regionalen Entwicklungspotentiale auf seine Brauchbarkeit für regionalpolitische Maßnahmen überprüft. Dazu bedarf es zunächst einer grundlegenden Analyse der bislang praktizierten Regionalpolitik. Im Anschluß wird das Konzept der regionalen Entwicklungspotentiale in seinen verschiedenen Varianten vorgestellt, und es werden Gemeinsamkeiten und Unterschiede zur bislang praktizierten Regionalpolitik herausgearbeitet.

Aus dem Inhalt: Ziele und Ausgestaltung der Regionalpolitik · Theorie der Regionalpolitik · Erfolg der Regionalpolitik · Produktions-, außenhandelstheoretische und dissoziationstheoretische Entwicklungspotentialkonzeption · Regionale Entwicklungspolitik